新序

〔漢〕劉向 撰

齊魯書社
·濟南·

圖書在版編目（CIP）數據

新序 / (漢) 劉向撰. -- 濟南 : 齊魯書社, 2024.
9. -- (《儒典》精粹). -- ISBN 978-7-5333-4927-1

Ⅰ. K234.106.6

中國國家版本館CIP數據核字第2024H4B707號

責任編輯　張　超
裝幀設計　亓旭欣

新序
XIN XU
〔漢〕劉向　撰

主管單位	山東出版傳媒股份有限公司
出版發行	齊魯書社
社　　址	濟南市市中區舜耕路517號
郵　　編	250003
網　　址	www.qlss.com.cn
電子郵箱	qilupress@126.com
營銷中心	（0531）82098521　82098519　82098517
印　　刷	山東臨沂新華印刷物流集團有限責任公司
開　　本	880mm × 1230mm　1/32
印　　張	8.25
插　　頁	2
版　　次	2024年9月第1版
印　　次	2024年9月第1次印刷
標準書號	ISBN 978-7-5333-4927-1
定　　價	68.00圓

《〈儒典〉精粹》出版説明

《儒典》是對儒家經典的一次精選和萃編，集合了儒學著作的優良版本，展示了儒學發展的歷史脉絡。其中，《義理典》《志傳典》共收録六十九種元典，由齊魯書社出版。鑒於《儒典》采用套書和綫裝的形式，部頭大，價格高，不便於購買和日常使用，我們决定以《〈儒典〉精粹》爲叢書名，推出系列精裝單行本。

叢書約請古典文獻學領域的專家學者精選書目，并爲每種書撰寫解題，介紹作者生平、内容、版本流傳等情况，文簡義豐。叢書共三十三種，主要包括儒學研究的代表性專著和儒學人物的師承傳記兩大類。版本珍稀，不乏宋元善本。對於版心偏大者，適度縮小。爲便於檢索，另編排目録。不足之處，敬請讀者朋友批評指正。

齊魯書社
二〇二四年八月

《〈儒典〉精粹》書目（三十三種三十四册）

孔氏家語　荀子集解　孔叢子
春秋繁露　春秋繁露義證　鹽鐵論
新序　揚子法言　白虎通德論
潛夫論　中説　太極圖説　通書
龜山先生語録　張子語録　傳習録
張子正蒙注　先聖大訓　近思録
四存編　孔氏家儀　帝範
帝學　温公家範　文公家禮
聖門禮樂誌　東家雜記　孔氏祖庭廣記
伊洛淵源録　伊洛淵源續録　國朝漢學師承記
國朝宋學淵源記　孔子編年　孟子年表

解　題

新序十卷，漢劉向撰，宋刻本

劉向字子政，初名更生，漢高祖弟楚元王劉交之四世孫。歷事宣帝、元帝、成帝。官散騎諫大夫、中郎、光禄大夫。河平三年（前二六）受詔領校秘府所藏經傳、諸子、詩賦。傳見《漢書》本傳。

《新序》撰成於漢成帝陽朔元年（前二四），進呈成帝御覽。所載爲堯舜至漢初時事，漢代之事不過數條，大抵采百家傳記，以類相從，文辭簡潔。所記之事與《左傳》《國語》《戰國策》《史記》諸書互有出入。高似孫《子略》謂：『先秦古書，甫脱燼劫，一入向筆，采擷不遺。』劉向撰集此書的目的也是推明古訓，以折衷於儒家道德，以故事寓勸誡。

《漢書·藝文志》稱向所序六十七篇，是包括《新序》《説苑》《列女傳》等書在内統而言之的。《隋書·經籍志》著録《新序》三十卷録一卷，新、舊《唐書》同。但到了宋初，已經散佚大半。曾鞏所能見者纔十餘篇，爲之綴補校訂。今天所見到的文本實際是經過曾鞏校訂的殘闕之本，存《雜事》五卷，《刺奢》一卷，《節士》一卷，《義勇》一卷，《善謀》二卷，共十卷。此本『構』字缺筆，『慎』字不諱，知其刻於南宋高宗時期。

李振聚

目録

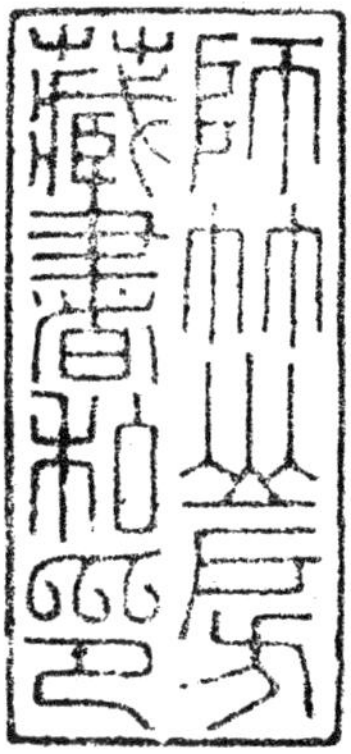

新序

南豐曾　鞏

古之治天下者一道德同風俗蓋九州之廣萬民之衆千歲之遠其教既明其政既成之後所守者一道所傳者一說而已故詩書之文歷世數十作者非一而言未嘗不相爲終始化之如此其至也當是之時異行者有誅異言者有禁防之又如此其備也故二帝三王之際及其中間嘗更衰亂而餘澤未熄之百家衆說未有能出其間者也又周之末世先教化法度既廢餘澤既熄世之治方術者蓋得其偏故人奮其私意家尚其私學者蠭起於中國皆

其所長而昧其所短務其所得而諱其所失天下之士各自爲言而不能相通世人之不復知夫學之有統道之有歸也先王之遺文雖在皆絀而不講況至於秦爲世所大禁哉漢興六藝皆得於散絶殘脫之餘世復無明先生之道爲衆說之所蔽闇而不明鬱而不發而怪奇可喜之論各師異見皆自名家者誕漫於中國一切不異於周之末世其弊至於今尚在也自斯以來天下學者知折衷於聖人而能純於道德之美者楊雄氏而止耳如向之徒皆不免爲衆說之蔽而不知有折衷者也孟子曰待文王而後興者凡民也豪傑之士雖無文王猶興漢之士豈特無明

先王之道以一之者哉亦其出於是時者豪傑之士少故不能特起於流俗之中絶學之後也蓋向之序此書於今最爲近古雖不能無失然遠至舜禹而次及於周秦以來古人之嘉言善行亦往往而在也要在慎取之而已故臣既惜其不可見者而校其可見者特詳焉亦足以知臣之志者豈好辯哉蓋臣之不得已也編校書籍臣曾鞏上（亦足以知臣之志者鞏集作亦足以知臣之攻其失者豈好辯哉）

目録

新序卷第一

陽朔元年二月癸卯護左都水使者光祿大夫臣劉向上

雜事

昔者舜自耕稼陶漁而躬孝友父瞽瞍頑母嚚及弟
象傲皆下愚不移舜盡孝道以供養瞽瞍瞽瞍與象
爲浚井塗廩之謀欲以殺舜舜孝益篤出田則號泣
年五十猶嬰兒慕可謂至孝矣故耕於歷山歷山之
耕者讓畔陶於河濱河濱之陶者器不苦窳漁於雷
澤雷澤之漁者分均及立爲天子天下化之蠻夷率
服北發渠搜南撫交趾莫不慕義麟鳳在郊故孔子
曰孝弟之至通於神明光于四海舜之謂也孔子在

州里篤行孝道居於闕黨闕黨之子弟畋漁分有親者得多孝以化之也是以七十二子自遠方至服從其德魯有沈猶氏者旦飲羊飽之以欺市人公慎氏有妻而淫慎潰氏奢侈驕佚魯市之鬻牛馬者善豫賈孔子將爲魯司寇沈猶氏不敢朝飲其羊公慎氏出其妻慎潰氏踰境而徙魯之鬻馬牛不豫賈布正以待之也既爲司寇季孟墮郈費之城齊人歸所侵魯之地由積正之所致也故曰其身正不令而行

孫叔敖爲嬰兒之時出遊見兩頭蛇殺而埋之歸而泣其母問其故叔敖對曰聞見兩頭之蛇者死嚮者吾見之恐去母而死也其母曰蛇今安在曰恐他人

人能興廢國家

又見殺而埋之矣其母曰吾聞有陰德者天報以福汝不死也及長爲楚令尹未治而國人信其仁也禹之興也以塗山桀之亡也以末喜湯之興也以有莘紂之亡也以妲己文武之興也以任姒幽王之亡也以褒姒是以詩正關雎而春秋褒伯姬也樊姬楚國之夫人也楚莊王罷朝而晏問其故莊王曰今旦與賢相語不知日之晏也樊姬曰賢相爲誰王曰爲虞丘子樊姬掩口而笑王問其故曰妾幸得執巾櫛以侍王非不欲專貴擅愛也以爲傷王之義故所進與妾同位者數人矣今虞丘子爲相數十年未嘗進一賢知而不進是不忠也不知是不智也安得爲賢

鰌屍諫

明日朝王以樊姬之言告虞丘子虞丘子稽首曰如樊姬之言於是辭位而進孫叔敖孫叔敖相楚莊王卒以霸樊姬與有力焉

衛靈公之時蘧伯玉賢而不用彌子瑕不肖而任事衛大夫史鰌患之數以諫靈公而不聽史鰌病且死謂其子曰我即死治喪於北堂吾不能進蘧伯玉而退彌子瑕是不能正君也生不能正君者死不當成禮置尸北堂於我足矣史鰌死靈公往弔見喪在北堂問其故其子具以父言對靈公靈公蹴然易容寤然失位曰夫子生則欲進賢而退不肖死且不懈又以屍諫可謂忠而不衰矣於是乃召蘧伯玉而進之

奚舉讎舉子

共王將亡進退二臣

以爲卿退彌子瑕從喪正堂成禮而後返衛國以治
史鰌字子魚論語所謂直哉史魚者也
晉大夫祁奚老晉君問曰孰可使嗣祁奚對曰解狐可君曰非子之讎耶對曰君問可非問讎也晉遂舉解狐後又問孰可以爲國尉祁奚對曰午也可君曰非子之子耶對曰君問可非問子也君子謂祁奚能舉善矣稱其讎不爲諂立其子不爲比書曰不偏不黨王道蕩蕩祁奚之謂也外舉不避仇讎內舉不回親戚可謂至公矣唯善故能舉其類詩曰唯其有之是以似之祁奚有焉
楚共王有疾召令尹曰常侍莞蘇與我處常忠我以

道正我以義吾與處不安也不見不思也雖然吾有得也其功不細必厚爵之申侯伯與處常縱恣吾吾所樂者勸吾為之吾所好者先吾服之吾與處歡樂之不見戚戚也雖然吾終無得也其過不細必亟遣之令尹曰諾明日王薨令尹即拜筦蘇為上卿而逐申侯伯出之境曾子曰鳥之將死其鳴也哀人之將死其言也善言反其本性共王之謂也故孔子曰朝聞道夕死可矣於以開後嗣覺來世猶愈沒身不寤者也

昔者魏武侯謀事而當群臣莫能逮朝而有喜色吳起進曰今者有以楚莊王之語聞者乎武侯曰未也

悼公問師曠衛人出

莊王之語奈何吳起曰楚莊王謀事而當群臣莫能逮朝而有憂色申公巫臣進曰君朝而有憂色何也莊王曰吾聞之諸侯自擇師者王自擇友者霸足己而群臣莫之若者亡今以不穀之不肖而議於朝且群臣莫能逮吾國其幾於亡矣吾是以有憂色也莊王之所以憂而君獨有喜色何也武侯逡巡而謝曰天使夫子振寡人之過也天使夫子振寡人之過也

衛國逐獻公晉悼公謂師曠曰衛人出其君不亦甚乎對曰或者其君實甚也夫天生民而立之君使司牧之無使失性良君將賞善而除民患愛民如子蓋之如天容之若地民奉其君愛之如父母仰之如日

月敬之如神明畏之若雷霆夫君神之主也而民之望也天之愛民甚矣豈使一人肆於民上以縱其淫而棄天地之性乎必不然矣若困民之性乏神之祀百姓絕望社稷無主將焉用之不去何爲公曰善

趙簡子上羊腸之坂群臣皆偏袒推車而虎會獨擔戟行歌不推車簡子曰寡人上坂群臣皆推車會獨擔戟行歌不推車是會爲人臣侮其主爲人臣侮其主其罪何若虎會對曰爲人臣而侮其主者死而又死簡子曰何謂死而又死虎會曰身死妻子又死若是謂死而又死君既已聞爲人臣而侮其主者之罪矣君亦聞爲人君而侮其臣者乎簡子曰爲人君而

簡子悅周舍之諤諤

侮其臣者何若虎會對曰爲人君而侮其臣者智者不爲謀辯者不爲使勇者不爲鬭智者不爲謀則社稷危辯者不爲使則使不通勇者不爲鬭則邊境侵簡子曰善乃罷群臣不推車爲士大夫置酒與群臣飲以虎會爲上客

昔者周舍事趙簡子立趙簡子之門三日三夜簡子使人出問之曰夫子將何以令我周舍曰願爲諤諤之臣墨筆操牘隨君之後司君之過而書之日有記也月有效也歲有得也簡子悅之與處居無幾何而周舍死簡子厚葬之三年之後與諸大夫飲酒酣簡子泣諸大夫起而出曰臣有死罪而不自知也簡子

曰大夫反無罪昔者吾友周舍有言曰百羊之皮不如一狐之腋衆人之唯唯不如周舍之諤諤昔紂昬昬而亡武王諤諤而昌自周舍之死後吾未嘗聞吾過也故人君不聞其非及聞而不改者亡吾國其幾於亡矣是以泣也

魏文侯與士大夫坐問曰寡人何如君也羣臣皆曰君仁君也次至翟黃曰君非仁君也曰子何以言之對曰君伐中山不以封君之弟而以封君之長子臣以此知君之非仁君文侯大怒而逐翟黃黃起而出次至任座文侯問寡人何如君也任座對曰君仁君也曰子何以言之對曰臣聞之其君仁者其臣直向

使使觀楚寶器

翟黃之言直臣是以知君仁君也文侯曰善復召翟黃入拜爲上卿

中行寅將亡乃召其太祝而欲加罪焉曰子爲我祝犧牲不肥澤耶且齋戒不敬耶使吾國亡何也祝簡對曰昔者吾先君中行穆子皮車十乘不憂其薄也憂德義之不足也今主君有革車百乘不憂德義之薄也唯患車不足也夫舟車飾則賦斂厚賦斂厚則民怨謗詛矣且君苟以爲祝有益於國乎則詛亦將爲損世亡矣一人祝之一國詛之一祝不勝萬詛國亡不亦宜乎祝其何罪中行子乃慚

秦欲伐楚使使者往觀楚之寶器楚王聞之召令尹

子西而問焉曰秦欲觀楚之寶器吾和氏之璧隨侯之珠可以示諸令尹子西對曰不知也召昭奚恤而問焉昭奚恤對曰此欲觀吾國得失而圖之不在寶器在賢臣珠玉玩好之物非寶重者王遂使昭奚恤應之昭奚恤發精兵三百人陳於西門之內爲東面之壇一爲南面之壇四爲西面之壇一秦使者至昭奚恤曰君客也請就上位東面令尹子西南面太宗子敖次之葉公子高次之司馬子反次之昭奚恤自居西面之壇稱曰客欲觀楚國之寶器楚國之所寶者賢臣也理百姓實倉廪使民各得其所令尹子西在此奉珪璧使諸侯解忿悁之難交兩國之歡使無

兵革之憂夫宗子敖在此守封疆謹境界不侵鄰國
鄰國亦不見侵葉公子高在此理師旅整兵戎以當
彊敵提枹鼓以動百萬之衆所使皆趨湯火蹈白刃
出萬死不顧一生之難司馬子反在此懷霸王之餘
議攝治亂之遺風昭奚恤在此唯大國之所觀秦使
者懼然無以對昭奚恤遂揖而去秦使者反言於秦
君曰楚多賢臣未可謀也遂不伐楚詩云濟濟多士
文王以寧斯之謂也

晉平公欲伐齊使范昭往觀焉景公賜之酒酣范昭
曰願請君之樽酌公曰酌寡人之樽進之於客范昭
已飲晏子曰徹樽更之樽觶具矣范昭佯醉不悅而

起舞謂太師曰能爲我調成周之樂乎吾爲子舞之太師曰冥臣不習范昭趨而出景公謂晏子曰晉大國也使人來將觀吾政也今子怒大國之使者將奈何晏子曰夫范昭之爲人非陋而不識禮也且欲試吾君臣故絕之也景公謂太師曰子何以不爲客調成周之樂乎太師對曰夫成周之樂天子之樂也若調之必人主舞之今范昭人臣也而欲舞天子之樂臣故不爲也范昭歸以告平公曰齊未可伐也臣欲試其君而晏子識之臣欲犯其禮而太師知之仲尼聞之曰夫不出於樽俎之閒而知千里之外其晏子之謂也可謂折衝矣而太師其與焉

晉平公浮西河中流而歎曰嗟乎安得賢士與共此樂者船人固桑進對曰君言過矣夫劒產于越珠產江漢玉產昆山此三寶者皆無足而至今君苟好士則賢士至矣平公曰固桑來吾門下食客者三千餘人朝食不足暮收市租暮食不足朝收市租吾尚可謂不好士乎固桑對曰今夫鴻鵠高飛沖天然其所恃者六翮耳夫腹下之毳背上之毛增去一把飛不為高下不知君之食客六翮耶將腹背之毳也平公默然而不應焉

楚威王問於宋玉曰先生其有遺行耶何士民衆庶不譽之甚也宋玉對曰唯然有之願大王寬其罪使

得畢其辭客有歌於郢中者其始曰下里巴人國中屬而和者數千人其爲陽陵採薇國中屬而和者數百人其爲陽春白雪國中屬而和者數十人而已也引商刻角雜以流徵國中屬而和者不過數人是其曲彌高者其和彌寡故鳥有鳳而魚有鯨鳳鳥上擊于九千里絶浮雲負蒼天翱翔乎窈冥之上夫糞田之鷃豈能與之斷天地之高哉鯨魚朝發崑崙之墟暴鬐於碣石暮宿於孟諸夫尺澤之鯢豈能與之量江海之大哉故非獨鳥有鳳而魚有鯨也士亦有之夫聖人瑰意奇行超然獨處世俗之民又安知臣之所爲哉

晉平公閒居師曠侍坐平公曰子生無目眹甚矣子之墨墨也師曠對曰天下有五墨墨而臣不得與一焉平公曰何謂也師曠曰群臣行賂以采名譽百姓侵寃無所告訴而君不悟此一墨墨也忠臣不用用臣不忠下才處高不肖臨賢而君不悟此二墨墨也姦臣欺詐空虛府庫以其少才覆塞其惡賢人逐姦邪貴而君不悟此三墨墨也國貧民罷上下不和而好財用兵嗜欲無厭諂諛之人容容在旁而君不悟此四墨墨也至道不明法令不行吏民不正百姓不安而君不悟此五墨墨也國有五墨墨而不危者未之有也臣之墨墨小墨墨耳何害乎國家哉

趙文子問於叔向曰晉六將軍孰先亡乎對曰其中行氏乎文子曰何故先亡對曰中行氏之爲政也以苛爲察以欺爲明以刻爲忠以計多爲善以聚斂爲良譬之其猶鞹革者也大則大矣裂之道也當先亡

楚莊王既討陳靈公之賊殺夏徵舒得夏姬而悅之將近之申公巫臣諫曰此女亂陳國敗其群臣嬖女不可近也莊王從之令尹又欲取申公巫臣諫令尹從之後襄尹取之至恭王與晉戰于鄢陵楚兵敗襄尹死其尸不反數求晉不與夏姬請如晉求尸楚方遣之申公巫臣將使齊私說夏姬與謀及夏姬行而申公巫臣廢使命道亡隨夏姬之晉令尹將徙其族

言之於王曰申公巫臣諫先王以無近夏姬今身廢使命與夏姬逃之晉是欺先王也請從其族王曰申公巫臣爲先王謀則忠自爲謀則不忠是厚於先王而自薄也何罪於先王遂不從

舊本新序說苑卷首開列陽朔鴻嘉厶年厶月
具官臣劉向上一行此古人脩書經進之體式
今本先將此行削去古今人識見相越及錢謂
之佳悪一開而可辨者可也辛丑夏五謙益題

新序卷第一

新序卷第二

陽朔元年二月癸卯護左都水使者光祿大夫臣劉向上

雜事

見者聞國家廢興

昔者唐虞崇舉九賢布之於位而海内大康要荒來賓麒麟鳳在郊商湯用伊尹而文武用太公閎夭成王任周召而海内大治越裳重譯祥瑞並降遂安千載皆由任賢之功也無賢臣雖五帝三王不能以興齊桓公得管仲有霸諸侯之榮失管仲而有危亂之辱虞不用百里奚而亡秦繆公用之而霸楚不用伍子胥而破吳闔廬用之而霸夫差非徒不用子胥也又殺之而國卒以亡燕昭王用樂毅推弱燕之兵破彊

齊之讎屠七十城而惠王廢樂毅更代以騎劫兵亡破亡七十城此父用之子不用其事可見也故闔廬用子胥以興夫差殺之而一有以字亡昭王用樂毅以勝惠王逐之而敗此的的然若白黑秦不用叔孫通項王不用陳平韓信而皆滅漢用之而大興此未遠也夫失賢者其禍如彼用賢者其福如此人君莫不求賢以自輔然而國以亂亡者所謂賢者不賢也或使賢者爲之與不肖者議之使智者圖之與愚者謀之不肖嫉賢愚者嫉智是賢者之所以鬲蔽也所以千載不合者也或不肖用賢而不能久也或久而不能終也或不肖子廢賢父之忠臣其禍敗難一二録也然

龐恭以市虎喻魏王

茂以曾參殺人喻秦王

其要在於已不明而聽衆口譖愬不行斯爲明也

魏龐恭與太子質於邯鄲謂魏王曰今一人來言市中有虎王信之乎王曰否曰二人言王信之乎曰寡人疑矣曰三人言王信之乎曰寡人信之矣龐恭曰夫市之無虎明矣三人言而成虎今邯鄲去魏遠於市議臣者過三人願王察之也魏王曰寡人知之矣及龐恭自邯鄲反讒口果至遂不得見

甘茂下蔡人也西入秦數有功至武王以爲左丞相樗里子爲右丞相樗里子及公孫子皆秦諸公子也其外家韓也數攻韓秦武王謂甘茂曰寡人欲容車至周室者其道乎韓之宜陽欲使甘茂伐韓取宜陽

以通道至周室甘茂曰請約魏與伐韓令向壽輔行甘茂既約魏魏許甘茂還至息壤謂向壽曰子歸言之王魏聽臣矣然願王勿伐也向壽歸以告王王迎甘茂於息壤問其故對曰宜陽大縣也名爲縣其實郡也今王倍數險行千里攻之難昔者曾參之處鄭人有與曾參同名姓者殺人人告其母曰曾參殺人其母織自若也頃然一人又來告之其母曰吾子不殺人有頃一人又來告其母投杼下機踰牆而走夫以曾參之賢與其母信之也然三人疑之其母懼焉今臣之賢也不若曾參王之信臣也又不如曾參之母之信曾參也疑臣者非特三人也臣恐大王投杼

乙荅楚王問

也魏文侯令樂羊將而攻中山三年而拔之樂羊反而語功文侯示之謗書一篋樂羊再拜稽首曰此非臣之功也主君之力也今臣羇旅也樗里子公孫子二人挾韓而議王必信之是王欺魏而臣受韓之怨也王曰寡人不聽也使伐宜陽五月而宜陽未拔樗里子公孫子果爭之武王召甘茂欲罷兵甘茂曰息壤在彼王曰有之因悉起兵使甘茂將擊之遂拔宜陽及武王薨昭王立樗里子公孫子讒之甘茂遇罪卒奔齊故非至明其孰能毋用讒乎

楚王問群臣曰吾聞北方畏昭奚恤亦誠何如江乙荅曰虎求百獸食之得一狐狐曰子毋敢食我也天

魯使宓子賤宰單父

帝令我長百獸今子食我是逆帝命也以我爲不信吾爲子先行子隨我後觀百獸見我無不走虎以爲然隨而行獸見之皆走虎不知獸畏己而走也以爲畏狐也今王地方五千里帶甲百萬而專任之於昭奚恤也北方非畏昭奚恤也其實畏王之兵甲也猶百獸之畏虎故人臣而見畏者是見君之威也君不用則威亡矣

魯君使宓子賤爲單父宰子賤辭去因請借善書者二人使書憲書教品魯君予之至單父使書子賤從旁引其肘書醜則怒之欲好書則又引之書者患之請辭而去歸以告魯君魯君曰子賤苦吾擾之使不

得施其善政也乃命有司毋得擅徵發單父單父之化大治故孔子曰君子哉子賤魯無君子者斯安取斯美其德也

楚人有獻魚楚王者曰今日漁獲食之不盡賣之不售棄之又惜故來獻也左右曰鄙哉辭也楚王曰子不知漁者仁人也蓋聞囷倉粟有餘者國有餓民（一本作下）（民多飢）後宮多幽女者下民多曠夫餘衍之蓄聚於府庫者境內多貧困之民皆失君人之道故（一有厩字）庖有肥魚廐有肥馬民有餓色是以亡國之君藏於府庫寡人聞之久矣未能行也漁者知之其以此諭寡人也且令行之於是乃遣使恤鰥寡而存孤獨出倉粟發幣

帛而振不足罷去後宮不御者出以妻鰥夫楚民欣欣大悅鄰國歸之故漁者一獻餘魚而楚國賴之可謂仁智矣

鄒忌答淳于髡等問

昔者鄒忌以鼓琴見齊宣王宣王善之鄒忌曰夫琴所以象政也遂為王言琴之象政狀及霸王之事宣王大悅與語三日遂拜以為相齊有稷下先生喜議政事鄒忌既為齊相稷下先生淳于髡之屬七十二人皆輕忌以謂設以辭鄒忌不能及乃相與俱往見鄒忌淳于髡之徒禮倨鄒忌之禮卑淳于髡等曰狐白之裘補之以弊羊皮何如鄒忌曰敬諾請不敢雜賢以不肖淳于髡曰方內而員釭如何鄒忌曰敬諾

相不能施財求士

請謹門内不敢留賓客淳于髡等曰三人共牧一羊羊不得食人亦不得息何如鄒忌曰敬諾減吏省員使無擾民也淳于髡等三稱鄒忌三知之如應響淳于髡等辭屈而去鄒忌之禮倨淳于髡等之禮卑故所以尚干將莫邪者貴其立斷也所以貴騏驥者爲其立至也必且歷日曠久乎絲氂猶能挈石駑馬亦能致遠是以聰明捷敏人之美材也子貢曰回也聞一以知十美敏捷也

昔者燕相得罪於君將出亡召門下諸大夫曰有能從我出者乎三問諸大夫莫對燕相曰嘻亦有士之不足養也大夫有進者曰亦有君之不能養士安有

旻公修德勝妖

士之不足養者凶年饑歲士糟粕不厭而君之犬馬有餘穀粟隆冬烈寒士短褐不完四體不蔽而君之臺觀帷幙錦繡隨風飄飄而弊財者君之所輕死者士之所重也君不能施君之所輕而求得士之所重不亦難乎燕相遂慙遁逃不復敢見

晉文公出獵前驅曰前有大蛇高如隄阻道竟之文公曰寡人聞之諸侯夢惡則修德大夫夢惡則修官士夢惡則修身如是而禍不至矣今寡人有過天以戒寡人還車而反前驅曰臣聞之喜者無賞怒者無刑今禍福已在前矣不可變何不遂驅之文公曰不然夫神不勝道而妖亦不勝德禍福未發猶可化也

梁君獵得善言

還車反宿齋三日請於廟曰孤少犧不肥幣不厚罪
一也孤好弋獵無度數罪二也孤多賦斂重刑罰罪
三也請自今以來者關市無征澤梁無賦斂赦罪人
舊田半税新田不税行此令未半旬守蛇吏夢天帝
殺蛇曰何故當聖君道爲而罪當死發夢視蛇臭腐
矣謁之文公曰然夫神果不勝道而妖亦不勝德奈
何其無究理而任天也應之以德而已
梁君出獵見白鴈群梁君下車彀弓欲射之道有行
者梁君謂行者止行者不止白鴈群駭梁君怒欲射
行者其御公孫襲下車撫矢曰君止梁君忿然作色
而怒曰襲不與其君而顧與他人何也公孫襲對曰

王問殷虜國妖

昔齊景公之時天大旱三年卜之曰必以人祠乃雨景公下堂頓首曰凡吾所以求雨者爲吾民也今必使吾以人祠乃且雨寡人將自當之言未卒而天大雨方千里者何也爲有德於天而惠於民也今主君以白鴈之故而欲射人龔謂主君譬無異於虎狼梁君援其手與上車歸入廟門呼萬歲曰幸哉今日也他人獵皆得禽獸吾獵得善言而歸

武王勝殷得二虜而問焉曰而國有妖乎一虜荅曰吾國有妖晝見星而雨血此吾國之妖也一虜荅曰此則妖也雖然非其大者也吾國之妖其大者子不聽父弟不聽兄君令不行此妖之大者也

晉文公出田逐獸碭入大澤迷不知所出其中有漁
者文公謂曰我若君也道安從出我且厚賜若漁者
曰臣願有獻公曰出澤而受之於是遂出澤公令曰
子之所欲以教寡人者何等也願受之漁者曰鴻鵠
保河海之中厭而欲移徙之小澤則必有九繒之憂
黿鼉保深淵厭而出之淺渚則必有羅網釣射之憂
今君逐獸碭入至此何行之太遠也文公曰善哉謂
從者記漁者名漁者曰君何以名爲君其尊天事地
敬社稷固四國慈愛萬民薄賦歛輕租稅者臣亦與
焉君不敬社稷不周四國外失禮於諸侯內逆民心
一國流亡漁者雖得厚賜不能保也遂辭不受曰君

亟歸國臣亦反吾漁所

晉文公逐麋而失之問農夫老古曰吾麋何在老古以足指曰如是往公曰寡人問子以足指何也老古振衣而起曰一不意人君如此也虎豹之居也厭閑而近人故得魚鼈之居也厭深而之淺故得諸侯厭衆而亡其國詩云維鵲有巢維鳩居之君放不歸人將居之於是文公恐歸遇欒武子欒武子曰獵得獸乎而有悅色文公曰寡人逐麋而失之得善言故有悅色欒武子曰其人安在乎曰吾未與來也欒武子曰居上位而不恤其下驕也緩令急誅暴也取人之言而弃其身盜也文公曰善還載老古與俱歸

扁鵲見齊桓侯立有閒扁鵲曰君有疾在腠理不治將恐深桓侯曰寡人無疾扁鵲出桓侯曰醫之好利也欲治不疾以爲功居十日扁鵲復見曰君之疾在肌膚不治將深桓侯不應扁鵲出桓侯不悅居十日扁鵲復見曰君之疾在腸胃不治將深桓侯不應扁鵲出桓侯又不悅居十日扁鵲復見望桓侯而還走桓侯使人問之扁鵲曰疾在腠理湯熨之所及也在肌膚鍼石之所及也在腸胃火齊之所及也在骨髓司命之所無奈何也今在骨髓臣是以無請也居五日桓侯體痛使人索扁鵲扁鵲已逃之秦矣桓侯遂死故良醫之治疾也攻之於腠理此事皆治之於小

辛諫楚襄王乃見用

者也夫事之禍福亦有腠理之地故聖人蚤從事矣
莊辛諫楚襄王曰君王左州侯右夏侯從新安君與
壽陵君同軒淫衍侈靡而忘國政郢其危矣王曰先
生老惛歟安爲楚國妖歟莊辛對曰臣非敢爲楚妖
誠見之也君王卒近此四子者則楚必亡矣辛請留
於趙以觀之於是不出十月王果亡巫山江漢鄢郢
之地於是王乃使召莊辛至於趙辛至王曰嘻先生
來耶寡人以不用先生言至于此爲之奈何莊辛曰
君王用辛言則可不用辛言又將甚乎此庶人有稱
曰亡羊而固牢未爲遲見兎而呼狗未爲晚湯武以
百里王桀紂以天下亡今楚雖小絕長繼短以千里

數豈特百里哉且君王獨不見夫青蛉乎六足四翼蜚翔乎天地之間求蚊虻而食之時甘露而飲之自以爲無患與民無爭也不知五尺之童子膠絲竿加之乎四仞之上而下爲蟲蛾食已青蛉猶其小者也夫爵俛啄白粒仰棲茂樹鼓其翼奮其身自以爲無患與民無爭也不知公子王孫左把彈右攝丸定操持審參連故晝遊乎茂樹夕和乎酸鹹爵猶其小者也鴻鵠嬉遊乎江漢息留乎大沼俛啄鰋鯉仰奮陵衡脩其六翮而陵清風飄搖高翔一舉千里自以爲無患與民無爭也不知弋者選其弓弩脩其防翳加繒繳其頸投乎百仞之上引纖繳揚微波折清風而

殞故朝遊乎江河而暮調乎鼎俎鴻鵠猶其小者也蔡侯之事故是也蔡侯南遊乎高陵北經乎巫山逐麋麕麞麀彍谿子隨時鳥嬉遊乎高蔡之囿溢滿無涯不以國家爲事不知子發受令宣王厄以淮水塡以巫山庚子之朝纓以朱絲臣而奏之乎宣王也蔡侯之事猶其小也今君王之事遂以左州侯右夏侯從新安君與壽陵君淫衍侈靡康樂遊娛馳騁乎雲夢之中不以天下與國家爲事不知穰侯方與秦王謀寘之以黽厄而投之乎黽塞之外（一有兩字）襄王大懼形體悼栗曰謹受令乃封莊辛爲成陵君而用計焉與舉淮北之地十二諸侯

文侯悟反裘負芻

魏文侯出遊見路人反裘而負芻文侯曰胡爲反裘而負芻對曰臣愛其毛文侯曰若不知其裏盡而毛無所恃邪明年東陽上計錢布十倍大夫畢賀文侯曰此非所以賀我也譬無異夫路人反裘而負芻也將愛其毛不知其裏盡毛無所恃也今吾田地不加廣士民不加衆而錢十倍必取之士大夫也吾聞之下不安者上不可居也此非所以賀我也

莊王命孫叔敖定國是

楚莊王問於孫叔敖曰寡人未得所以爲國是也孫叔敖曰國之有是衆非之所惡也臣恐王之不能定也王曰不定獨在君乎亦在臣乎孫叔敖曰國君驕士曰士非我無道貴富士驕君曰國非士無道安強

莊王受士慶諫用爲相

人君或至失國而不悟士或至飢寒而不進君臣不
合國是無逌定矣夏桀殷紂不定國是而以合其取
舍者爲是以爲不合其取舍者爲非故致亡而不知
莊王曰善哉願相國與諸侯士大夫共定國是寡人
豈敢以禍國驕士民哉
楚莊王莅政三年不治而好隱戲社稷危國將亡士
慶問左右群臣曰王莅政三年不治而好隱戲社
稷危國將亡胡不入諫左右曰子其入矣士慶入再
拜而進曰隱有大鳥來止南山之陽三年不蜚不鳴
不審其故何也王曰子其去矣寡人知之矣士慶曰
臣言亦死不言亦死願聞其說王曰此鳥不蜚以長羽

以諫靖郭君城薛

翼不鳴以觀群臣之慝是鳥雖不蜚蜚必沖天雖不鳴鳴必驚人士慶稽首曰所願聞已王大悅士慶之問而拜之以爲令尹授之相印士慶喜出門顧左右笑曰吾王成王也中庶子聞之跪而泣曰臣尚衣冠御郎十三年矣前爲豪矢而後爲藩蔽王賜士慶相印而不賜臣臣死將有日矣王曰寡人居泥塗中子所與寡人言者内不及國家外不及諸侯如子者可富而不可貴也於是乃出其國寶璧玉以賜之曰忠信者士之行也言語者士之道路也道路不脩治士無所行矣

靖郭君欲城薛而客多以諫君告謁者無爲客通事

於是有一齊人曰臣願一言過一言臣請烹謁者贊客客曰海大魚因反走靖郭君曰請少進客曰否臣不敢以死戲靖郭君嘻寡人毋得已試復道之客曰君獨不聞海大魚乎網弗能止繳不能牽碭而失水陸居則螻蟻得意焉且夫齊亦君之水也君已有齊奚以薛為君若無齊城薛猶且無益也靖郭君大悅罷民弗城薛也

齊有婦人極醜無雙號曰無鹽女其為人也臼頭深目長壯大節昂鼻結喉肥項少髮折腰出胷皮膚若漆行年三十無所容入衒嫁不售流棄莫執於是乃拂拭短褐自詣宣王願一見謂謁者曰妾齊之不售

女也聞君王之聖德願備後宮之掃除頓首司馬門
外唯王幸許之謁者以聞宣王方置酒於漸臺左右
聞之莫不揜口而大笑曰此天下強顏女子也於是
宣王乃召而見之謂曰昔先王爲寡人取妃匹皆已
備有列位矣寡人今日聽鄭衛之聲謳吟感傷揚激
楚之遺風今夫人不容鄉里布衣而欲干萬乘之主
亦有奇能乎無鹽女對曰無有直竊慕大王之美義
耳王曰雖然何喜良久曰竊嘗喜隱王曰隱固寡人
之所願也試一行之言未卒忽然不見矣宣王大驚
立發隱書而讀之退而惟之又不能得明日復更召
而問之又不以隱對但揚目銜齒舉手拊肘曰殆哉

殆哉如此者四宣王曰願遂聞命無鹽女對曰今大王之君國也西有衡秦之患南有彊楚之難外有三國之難內聚姦臣衆人不附春秋四十壯男不立不務衆子而務衆婦尊所好而忽所恃一旦山陵崩阤社稷不定此一殆也漸臺五重黃金白玉琅玕龍疏翡翠珠璣莫落連飾萬民罷極此二殆也賢者伏匿於山林諂諛彊於左右邪僞立於本朝諫者不得通入此三殆也酒漿流湎以夜續朝女樂俳優從橫大笑外不脩諸侯之禮內不秉國家之治此四殆也故曰殆哉殆哉於是宣王掩然無聲意入黃泉忽然而昂喟然而歎曰痛乎無鹽君之言吾今乃一聞寡人

之殆寡人之殆幾不全於是立停漸臺罷女樂退諂
諛去雕琢選兵馬實府庫四闢公門招進直言延及
側陋擇吉日立太子進慈母顯隱女拜無鹽君爲王
后而國大安者醜女之力也

新序卷第二

孟子答梁惠王好色好勇問

新序卷第三

陽朔元年二月癸卯護左都水使者光禄大夫臣劉向上

雜事

梁惠王謂孟子曰寡人有疾寡人好色孟子曰王誠好色於王何有王曰若之何好色可以王孟子曰夫王好色詩曰古公亶父來朝走馬率西水滸至於岐下爰及姜女聿來相宇夫王愛厥妃出入必與之偕當是時內無怨女外無曠夫王若好色與百姓同之民唯恐王之不好色也王曰寡人有疾寡人好勇孟子曰王若好勇於王何有王曰若之何好勇可以王孟子曰詩曰王赫斯怒爰整其旅以按徂旅以篤周

孝成王善孫卿兵要

枯以對于天下此文王之勇也文王一怒而安天下之民今王亦一怒而安天下之民民唯恐王之不好勇也

孫卿與臨武君議兵於趙孝成王前王曰請問兵要臨武君對曰上得天時下得地利後之發先之至此用兵之要術也孫卿曰不然臣之所聞古之道凡戰用兵之術在於一民弓矢不調羿不能以中六馬不和造父不能以御遠士民不親附湯武不能以勝故善用兵者務在於善附民而已臨武君曰不然夫兵之所貴者勢利也所上者變詐攻奪也善用之者奄忽焉莫知所從出孫吳用之無敵於天下由此觀之

豈必待附民哉孫卿曰不然臣之所言者王者之兵君人之事也君之所言者勢利也所上者變詐攻奪也仁人之兵不可詐也彼可詐者怠慢者也落單者也君臣上下之間渙然有離德者也若以桀詐桀猶有幸焉若以桀詐堯譬之若以卵投石若以指撓沸若羽蹈烈火入則焦沒耳夫又何可詐也故仁人之兵鋌則若莫邪之利刃嬰之者斷銳則若莫邪之利鋒當之者潰圜居而方止若盤石然觸之者隴種而退耳夫又何可詐也故仁人之兵或將三軍同力上下一心臣之於君也下之於上也若子之事父也若弟之事兄也若手足之捍頭目而覆胸腹也詐而襲

唐且說秦請救

之與先驚而後擊之一也夫又何可詐也且夫暴亂之君將誰與至哉彼其所與至者必其民也民之親我驩然如父母好我芳如椒蘭反顧其上如灼黥如仇讎人之情雖桀跖豈肯爲其所惡而賊其所好者哉是猶使人之孫子自賊其父母也詩曰武王載旆有虔秉鉞如火烈烈則莫我敢曷此之謂也孝成王臨武君曰善請問王者之兵孫卿曰將率者末事也臣請列王者之事君人之法

昔者秦魏爲與國齊楚約而欲攻魏魏使人求救於秦冠蓋相望秦救不出魏人有唐且者年九十餘謂魏王曰老臣請西說秦令兵先臣出可乎魏王曰敬

謀遂約車而遣之唐且見秦王秦王曰丈人罔然乃遠至此甚苦矣魏來求救數矣寡人知魏之急矣唐且荅曰大王已知魏之急而救不至是大王籌筴之臣失之也耳夫魏一萬乘之國也稱東藩受冠帶祠春秋者爲秦之彊足以爲與也今齊楚之兵已在魏郊矣大王之救不至魏急則且割地而約齊楚王雖欲救之豈有及哉是亡一萬乘之魏而彊二敵之齊楚也竊以爲大王籌筴之臣失之矣秦王懼然而悟遽發兵救之馳騖而往齊楚聞之引兵而去魏氏復故唐且一說定彊秦之筴解魏國之患散齊楚之兵一舉而折衝消難辭之功也孔子曰言語宰我子貢故

望因郭隗得賢士

詩云辭之集矣民之洽矣辭之懌矣民之莫矣唐且有辭魏國賴之故不可以已

燕易王時國大亂齊閔王興師伐燕屠燕國載其寶器而歸易王死及燕國復太子立爲燕王是爲燕昭王昭王賢即位卑身厚幣以招賢者謂郭隗曰齊因孤國之亂而襲破燕孤極知燕小力少不足以報然得賢士與共國以雪先王之醜孤之願也先生視可者得身事之隗曰臣聞古之人君有以千金求千里馬者三年不能得涓人言於君曰請求之君遣之三月得千里馬馬已死買其骨五百金反以報君君大怒曰所求者生馬安用死馬捐五百金涓人對曰死

望海易樂毅遺書
之

馬且市之五百金況生馬乎天下必以王爲能市馬
馬今至矣於是不朞年千里馬至者二今王誠欲必
致士請從隗始隗且見事況賢於隗者乎豈遠千里
哉於是昭王爲隗築宮而師之樂毅自魏往鄒衍自
齊往劇辛自趙往士爭走燕燕王弔死問孤與百姓
同甘苦二十八年燕國殷富士卒樂軼輕戰於是遂
以樂毅爲上將軍與秦楚三晉合謀以伐齊樂毅之
筴得賢之功也
樂毅爲昭王謀必待諸侯兵齊乃可伐也於是乃使
樂毅使諸侯遂合連四國之兵以伐齊大破之閔王
亡逃僅以身脫匿莒樂毅追之遂屠七十餘城臨淄

盡降唯莒即墨未下盡復收燕寶器而歸復易王之
辱樂毅謝罷諸侯之兵而獨圍莒即墨時田單爲即
墨令患樂毅善用兵田單不能詐也欲去之昭王又
賢不肯聽讒會昭王死惠王立田單使人讒之惠王
惠王使騎劫代樂毅樂毅去之趙不歸燕騎劫既爲
將軍田單大喜設詐大破燕軍殺騎劫盡復收七十
餘城是時齊閔王已死田單得太子於莒立爲齊襄
王而燕惠王大慙自悔易樂毅以致此禍惠王乃使
人遺樂毅書曰寡人不佞不能奉順君志故君捐國
而去寡人不肖明矣敢謁其願而君弗肯聽也故使
使者陳愚志君誠諭之語曰仁不輕絶智不輕怨君

於先王世之所明知也寡人望有非則君覆蓋之不虞君明弃之也望有過則君教誨之不虞君明罪之也寡人之罪百姓弗聞君微出明怨以弃寡人寡人必有罪矣然恐君之未盡厚矣諺曰厚者不損人以自益仁者不危軀以要名故覆人之邪者厚之行也救人之過者仁之道也世有覆寡人之邪救寡人之過非君惡所望之今君厚受德於先王之成尊輕棄寡人以快心則覆邪救過難得於君矣且世有厚薄故施異行有得失故患同今寡人任不肖之罪而君有失厚之累於爲君擇無所取國有封疆猶家之有垣牆所以合好覆惡也室不能相和出訟鄰家未爲

通計也怨惡未見而明棄之未爲盡厚也寡人雖不肖未如殷紂之亂也君雖未得志未如商容箕子之累也然不内盡寡人明怨於外恐其適足以傷高義而薄於行也非然苟可以成君之高明君之義寡人雖惡名不難受也本以爲明寡人之薄而君不得學揚寡人之毀而君不得榮是一舉而兩失也義者不毀人以自益況傷人以自損乎願君無以寡人之不肖累往事之美昔者柳下季爲理於魯三絀而不去或曰可以去矣柳下季曰苟與人異惡往而不絀乎猶且絀也寧故國耳柳下季不以絀自累故自前業不忘不以去爲心故遠近無議寡人之罪國人不知

而議寡人者天下謗曰仁不輕絶知不簡功簡功棄大者仇也輕絶厚利者怨也仇而棄之怨而累之宜在遠者不望之乎君今寡人無罪君豈怨之乎願君捐忿和怒追順先王以復教寡人寡人意君之曰余將快心以成而過不顧先王以明而惡使寡人進不得循初退不得變過此君所制唯君圖之此寡人之愚志敬以書謁之

樂毅使人獻書燕王（一有報字）曰臣不肖不能奉承王命以順左右之心恐抵斧鉞之罪以傷先王之明有害足下之義故遁逃自負以不肖之罪而不敢有辭說今王數之以罪恐侍御者不察先王之所以畜臣之理

不白乎臣之所以事先王之心故不敢不以書對臣
聞賢聖之君不以祿私親功多者授之不以官隨愛
能當者處之故曰察能而授官者成功之君也論行
而結交者立名之士也臣以所學觀先王舉措有高
世主之心故假節於魏以身得察於燕先王過舉擢
之賓客之中立之群臣之上不謀父兄以爲亞卿臣
自以爲奉令承教可幸無罪故受命而不辭先王命
臣曰我有積怨深怒於齊不量輕弱欲以齊爲事臣
對曰夫齊者霸主之餘業戰勝之遺事閑於兵革習
於戰攻王若欲攻之必與天下圖之圖之莫若徑結
趙且淮北宋地楚魏之願也趙若許約楚魏盡力四

國攻之齊可大破也王曰善臣乃受命具符節南使
趙顧反起兵攻齊以天之道先王之靈河北之地隨
先王而舉之濟上之兵受命而勝之輕卒鋭兵長驅
至齊齊王遁逃走莒僅以身免珠玉貨寶車甲珍器
皆收入燕大呂陳於元英故鼎反於歷室齊器設於
寧臺薊丘之植植於汶篁五伯以來功業之盛未有
及先王者也先王以爲快其志以臣不損令故裂地
而封臣使比小國諸侯臣聞賢聖之君功立不廢故
著於春秋蚤知之士名成而不毀故稱於後世若先
王之報怨雪醜夷萬乘之齊收八百年之積及其棄
群臣之日餘令詔後嗣之義法執政任事循法令順

庶孽（史作餘教未衰執政任事之臣修法令慎庶孽）施及萌隷皆可以教後世臣聞善作者不必善成善始者不必善終昔伍子胥說聽於闔閭吳爲遠迹至郢夫差不是也賜之鴟夷沉之江故夫差不計先論之可以立功也沉子胥而不悔子胥不蚤見王之不同量也故入江而不化夫免身而全功以明先王之迹臣之上計也離虧辱之誹墮先王之明臣之大恐也臨不測之罪以幸爲利義之所不敢出也臣聞君子絕交無惡言去臣無惡聲臣雖不肖數奉教於君子臣恐侍御者親交之說不察䟽遠之行故敢以書謝

鄒陽獄中上梁孝王書

齊人鄒陽客游於梁人或讒之於孝王孝王怒繫（一有而字）

將欲殺之鄒陽客游見讒自冤乃從獄中上書其辭曰臣聞忠無不報信不見疑臣常以爲然徒虛語爾昔者荊軻慕燕丹之義白虹貫日太子畏之衛先生爲秦畫長平之計太白食昴昭王疑之夫精變天地而信不諭兩主豈不哀哉今臣盡忠竭誠畢義願知左右不明卒從吏訊爲世所疑是使荊軻衛先生復起而燕秦不悟也願大王熟察之昔者玉人獻寶楚王誅之李斯竭忠胡亥極刑是以箕子佯狂接輿避世恐遭此變也願大王熟察玉人李斯之意而後楚王胡亥之聽無使臣爲箕子接輿所欺臣聞比干剖心子胥鴟夷臣始不信乃今知之願大王熟察之少

加憐焉諺曰有白頭而新傾蓋而故何則知與不知
也昔者樊於期逃秦之燕藉荊軻首以奉丹之事王
奢去齊之魏臨城自剄以卻齊而存魏王奢樊於期
非新於齊秦而故於燕魏也所以去二國死兩君者
行合於志而慕義無窮也是以蘇秦不信於天下爲
燕尾生白圭戰亡六城爲魏取中山何則誠有以相
知也蘇秦相燕燕人惡之於燕王燕王按劍而怒食
之以駃騠白圭顯於中山中山人惡之於魏文侯投
以夜光之璧何則兩主二臣剖心折肝相信豈移於
浮辭哉故女無美惡居宮見妬士無賢不肖入朝見
嫉昔者司馬喜臏於宋卒相中山范雎拉脅折齒於

魏卒爲應侯此二人者皆信必然之畫捐朋黨之私
挾孤獨之交故不能自免於嫉妬之人也是以申徒
狄蹈流之河徐衍負石入海不容於世義不苟取比
周於朝以移主上之心故百里奚乞食於道路繆公
委之以政甯戚飯牛車下而桓公任之以國此二人
者豈藉官於朝假譽於左右然後二主用之哉感於
心合於行堅於膠漆昆弟不能離豈惑於衆口哉故
偏聽生姦獨任成亂昔魯聽季孫之說逐孔子宋信
子冄之計逐墨翟夫以孔墨之辯而不能自免何則
衆口鑠金積毀銷骨是以秦用由余而霸中國齊用
越人子臧而彊威宣此二國豈拘於俗牽於世繫奇

偏之辭哉公聽共觀垂名當世故意合則胡越爲兄弟由余子臧是也不合則骨肉爲仇讎朱象管蔡是也今人主如能用齊秦之明後宋魯之聽則五伯不足侔三王易爲比也是以聖王覺悟捐子之之心能不說於田常之賢封比干之後脩孕婦之墓故功業覆於天下何則欲善無猒也夫晉文公親其讎而彊霸諸侯齊桓公用其仇而一匡天下何則慈仁殷勤誠加於心不可以虛辭借也至夫秦用商鞅之法東弱韓魏立彊天下而卒車裂商君越用大夫種之謀擒勁吳霸中國卒誅其身是以孫叔敖三去相而不悔於陵仲子辭三公爲人灌園今世主誠能去驕傲

之心懷可報之意披心腹見情素隳肝膽施德厚終與之窮通無變於士則桀之狗可使吠堯跖之客可使刺由況因萬乘之權假聖王之資乎然則荆軻之沉七族要離燔妻子豈足爲大王道哉明月之珠夜光之璧以闇投人於道路衆無不按劒相眄者何則無因至前也蟠木根柢輪囷離奇而爲萬乘器者以左右先爲之容也故無因而至前雖出隨侯之珠夜光之璧秖足以結怨而不見得故有人先游則以枯木朽株樹功而不忘今使天下布衣窮居之士雖蒙堯舜之術挾伊管之辯素無根柢之容而欲竭精神開忠信輔人主之治則人主必襲按劒相眄之迹矣

是使布衣不得當枯木朽株之資也是以聖王制世御俗獨化於陶鈞之上能不牽乎卑亂之言不惑乎衆多之口故秦皇帝任中庶子蒙恬之言以信荆軻之說故匕首竊發周文王校獵涇渭載呂尚而歸以王天下秦信左右而弑周用烏集而王何則以其能越攣拘之語馳域外之議獨觀於昭曠之道也今人主沉於諂諛之辭牽於帷牆之制使不羈之士與牛驥同皁此鮑焦之所以忿於世而不留於富貴之樂也臣聞盛飾以朝者不以私汙義砥礪名號者不以利傷行故里名勝母而曾子不入邑號朝歌墨子回車今使天下寥廓之士籠於威重之權脇於勢位之

貴回面汙行以事諂諛之人求親近於左右則士有伏死崛穴巖藪之中耳安有盡精神而趨闕下者哉

書奏孝王孝王立出之卒爲上客申徒狄蹈流之河 流字史作雍字

新序卷第三

桓公能任賢

新序卷第四

陽朔元年二月癸卯護左都水使者光祿大夫臣劉向上

雜事

管仲言齊桓公曰夫墾田刱邑闢土殖穀盡地之利則臣不若甯戚請置以爲田官登降揖讓進退閑習臣不如隰朋請置以爲大行蚤入晏出犯君顏色進諫必忠不重富貴不避死亡則臣不若東郭牙請置以爲諫臣決獄折中不誣無罪不殺無辜則臣不若弦甯請置以爲大理平原廣囿車不結軌士不旋踵鼓之而三軍之士視死若歸則臣不若王子成甫請置以爲大司馬君如欲治國彊兵則此五子者足矣

如欲霸王則夷吾在此夫管仲能知人桓公能任賢所以九合諸侯一匡天下不用兵車管仲之功也詩曰濟濟多士文王以寧桓公其似之矣

有司請吏於齊桓公桓公曰以告仲父有司又請桓公曰以告仲父若是者三在側者曰一則告仲父二則告仲父易哉為君桓公曰吾未得仲父則難已得仲父曷為其不易也故王者勞於求人佚於得賢舉衆賢在位垂衣裳恭己無為而天下治湯文用伊呂成王用周邵而刑措不用兵偃而不動用衆賢也桓公用管仲則小也故至於霸而不能以王故孔子曰小哉管仲之器蓋善其遇桓公惜其不能以王也

至明主則不然所用大矣詩曰濟濟多士文王以寧
此之謂也

文侯尊田子方

公季成謂魏文侯曰田子方雖賢人然而非有土之君也君常與之齊禮假有賢於子方者君又何以加之文侯曰如子方者非成所得議也子方仁人也仁人也者國之寶也智士也者國之器也博通士也者國之尊也故國有仁人則群臣不爭國有智士則無四鄰諸侯之患國有博通之士則人主尊固非成之所議也公季成自退於郊三日請罪

文侯相季成

魏文侯弟曰季成友曰翟黄文侯欲相之而未能決以問李克李克對曰君若置相則問樂商與王孫苟端

文侯名過齊桓公

旲公問於向齊桓公之覇

孰賢文侯曰善以王孫苟端爲不肖翟黃進之樂商爲賢季成進之故相季成故知人則哲進賢受上賞季成以知賢故文侯以爲相季成翟黃皆近臣親屬也以所進者賢別之故李克之言是也

孟嘗君問於白圭曰魏文侯名過於桓公而功不及五伯何也白圭對曰魏文侯師子夏友田子方敬段干木此名之所以過於桓公也卜相則曰成與黃孰可此功之所以不及五伯也以私愛妨公舉在職者不堪其事故功廢然而名號顯榮者三士翊之也如相三士則王功成豈特霸哉

晉平公問於叔向曰昔者齊桓公九合諸侯一匡天

下不識其君之力乎其臣之力乎叔向對曰管仲善制割隰朋善削縫賓胥無善純緣桓公知衣而已亦其臣之力也師曠侍曰臣請譬之以五味管仲善斷割之隰朋善煎熬之賓胥無善齊和之羹以熟矣奉而進之而君不食誰能彊之亦君之力也

昔者齊桓公與魯莊公為柯之盟魯大夫曹劌謂莊公曰齊之侵魯至於城下城壞壓境君不圖與莊公曰嘻寡人之生不若死曹劌曰然則君請當其君臣請當其臣及會兩君就壇兩相相揖曹劌手劍拔刃而進迫桓公於壇上曰城壞壓境君不圖與管仲曰然則君何求曹劌曰願請汶陽田管仲謂桓公曰君

晉文公伐原而温降

其許之桓公許之曹劌請盟桓公遂與之盟已盟標劍而去左右曰要盟可倍曹劌可讎請倍盟而討曹劌管仲曰要盟可負而君不負曹劌可讎而君不讎著信天下矣遂不倍天下諸侯翕然而歸之爲鄄之會幽之盟諸侯莫不至焉爲陽穀之會貫澤之盟遠國皆來南伐彊楚以致菁茅之貢北伐山戎爲燕開路三存亡國一繼絶世尊事周室九合諸侯一匡天下功次三王爲五伯長本信起乎柯之盟也

晉文公伐原與大夫期五日五日而原不降文公令去之吏曰原不過三日將降矣君不如待之君曰得原失信吾不爲也原人聞之曰有君義若此不可不

伐中牟聞義請降

楚王存鄭而與晉戰

降也遂降溫人聞之亦請降故曰伐原而溫降此之謂也於是諸侯歸之遂侵曹伐衛爲踐土之會溫之盟後南破強楚尊事周室遂成霸功上次齊桓本信由伐原也

昔者趙之中牟叛趙襄子率師伐之圍未合而城自壞者十堵襄子擊金而退士軍吏曰君誅中牟之罪而城自壞是天助也君曷爲去之襄子曰吾聞之於叔向曰君子不乘人於利不迫人於險使之城而後攻中牟聞其義乃請降詩曰王猶允塞徐方既來此之謂也襄子遂滅知氏并代爲天下彊本由伐中牟也

楚莊王伐鄭克之鄭伯肉袒左執旄旌右執鸞刀以

迎莊王曰寡人無良邊陲之臣以干天之禍是以使
君王昧焉辱到弊邑君如憐此喪人錫之不毛之地
唯君王之命莊王曰君之不令臣交易爲言是以使
寡人得見君之玉面也而微至乎此莊王親自手旌
左右麾軍還舍七里將軍子重進諫曰夫南郢之與
鄭相去數千里諸大夫死者數人斯役死者數百人
今尅而不有無乃失民力乎莊王曰吾聞之古者盂
不穿皮不蠹不出四方以是見君子重禮而賤利也
要其人不要其土人告從而不赦不祥也吾以不祥
立乎天下菑之及吾身何日之有矣既而晉人之救
鄭者至請戰莊王許之將軍子重進諫曰晉彊國也

道近力新楚師疲勞君請勿許莊王曰不可彊者我避之弱者我威之是寡人無以立乎天下也遂還師以逆晉寇莊王援枹而鼓之晉師大敗晉人來渡河而南及敗犇走欲渡而北卒爭舟而以刃擊引舟中之指可掬也莊王曰嘻吾兩君之不相能也百姓何罪乃退師以軼晉寇詩曰柔亦不茹剛亦不吐不侮鰥寡不畏彊禦莊王之謂也

五 晉人伐楚三舍不止大夫曰請擊之莊王曰先君之時晉不伐楚及孤之身而晉伐楚是寡人之過也如何其辱諸大夫也大夫曰先君之時晉不伐楚及臣之身而晉伐楚是臣之罪也請擊之莊王俛泣而起拜諸大夫

晉人聞之曰君臣爭以過爲在己且君下其臣猶如此所謂上下一心三軍同力未可攻也乃夜還師孔子聞之曰楚莊王霸其有方矣下士以一言而敵還以安社稷其霸不亦宜乎詩曰柔遠能邇以定我王此之謂也

晉文公將伐鄴趙衰言所以勝鄴文公用之而勝鄴將賞趙衰趙衰曰君將賞其末乎賞其本乎賞其末則騎乘者存賞其本則臣聞之郄虎公召郄虎曰衰言所以勝鄴遂勝將賞之曰蓋聞之子子當賞郄虎對曰言之易行之難臣言之者也公子曰子無辭郄不敢固辭乃受賞

梁大夫有宋就者爲邊縣令與楚鄰界梁之邊亭與

楚之邊亭皆種瓜各有數梁之邊亭人劬力數灌其
瓜瓜美楚人窳而稀灌其瓜瓜惡楚令因以梁瓜之
美怒其亭瓜之惡也楚亭人心惡梁亭之賢己因往
夜竊搔梁亭之瓜皆有死焦者矣梁亭覺之因請其
尉亦欲竊往報搔楚亭之瓜尉以請宋就就曰惡是
何可構怨禍之道也人惡亦惡何褊之甚也若我教
子必每暮令人往竊爲楚亭夜善灌其瓜勿令知也
於是梁亭乃每暮夜竊灌楚亭之瓜楚亭旦而行瓜
則又皆以灌矣瓜日以美楚亭怪而察之則乃梁亭
也楚令聞之大悅因具以聞楚王楚王聞之惄然愧
以意自閔也告吏曰徵搔瓜者得無有他罪乎此梁

之陰讓也乃謝以重幣而請交於梁王楚王時稱則秘梁王以爲信故梁楚之歡由宋就始語曰轉敗而爲功因禍而爲福老子曰報怨以德此之謂也夫人既不善胡足効哉

梁嘗有疑獄群臣半以爲當罪半以爲無罪雖梁王亦疑梁王曰陶之朱公以布衣富侔國是必有奇智乃召朱公而問曰梁有疑獄獄吏半以爲當罪半以爲不當罪雖寡人亦疑吾子決是奈何朱公曰臣鄙民也不知當獄雖然臣之家有二白璧其色相如也其徑相如也其澤相如也然其價一者千金一者五百金王曰徑與色澤相如也一者千金一者五百金

何也朱公曰側而視之二者厚倍是以千金梁王曰善故獄疑則從去賞疑則從與梁國大悅由此觀之墻薄則亟壞繒薄則亟裂器薄則亟毁酒薄則亟酸夫薄而可以曠日持久者殆未有也故有國畜民施政教者宜厚之而可耳

楚惠王食寒葅而得蛭因遂吞之腹有疾而不能食令尹入問曰王安得此疾也王曰我食寒葅而得蛭念譴之而不行其罪乎是法廢而威不立也非所以使國聞也譴而行其誅乎則庖宰食監法皆當死心又不忍也故吾恐蛭之見也因遂吞之令尹避席再拜而賀曰臣聞天道無親惟德是輔君有仁德天之

産不毁鄉校

所奉也病不爲傷是夕也惠王之後蛭出故其久病心腹之疾皆愈天之視聽不可不察也

鄭人游于鄉校以議執政之善否然明謂子産曰何不毁鄉校子産曰胡爲夫人朝夕游焉以議執政之善否其所善者吾將行之其所惡者吾將改之是吾師也如之何毁之吾聞爲國忠信以損怨不聞作威以防怨譬之若防川也大決所犯傷人必多吾不能救也不如小決之使導吾聞而藥之也然明曰蔑也乃今知吾子之信可事也小人實不材若果行此其鄭國實賴之豈唯二三臣仲尼聞是語也曰由是觀之人謂子産不仁吾不信也

桓公與管仲鮑叔甯戚飲酒桓公謂鮑叔姑爲寡人祝乎鮑叔奉酒而起曰祝吾君無忘其出而在莒也使管仲無忘其束縛而從魯也使甯子無忘其飯牛於車下也桓公辟席再拜曰寡人與二大夫皆無忘夫子之言齊之社稷必不廢矣此言常思困隘之時必不驕矣

桓公田至於麥丘見麥丘邑人問之子何爲者也對曰麥丘邑人也公曰年幾何對曰八十有三矣公曰美哉壽乎子其以子壽祝寡人麥丘邑人曰祝主君使主君甚壽金玉是賤人爲寶桓公曰善哉至德不孤善言必再吾子其復之麥丘邑人曰祝主君使主

君無羞學無惡下問賢者在傍諫者得人桓公曰善哉至德不孤善言必三吾子一復之麥丘邑人曰祝主君使主君無得罪於群臣百姓桓公怫然作色曰吾聞之子得罪於父臣得罪於君未嘗聞君得罪於臣者也此一言者非夫二言者之匹也子更之麥丘邑人坐拜而起曰此一言者夫二言之長也子得罪於父可以因姑姊叔父而解之父能赦之臣得罪於君可以因便辟左右而謝之君能赦之昔桀得罪於湯紂得罪於武王此則君之得罪於其臣者也莫為謝至今不赦公曰善賴國家之福社稷之靈使寡人得吾子於此扶而載之自御以歸禮之於朝封之以

公拜受孔子之言

麥丘而斷政焉

哀公問孔子曰寡人生乎深宮之中長於婦人之手寡人未嘗知哀也未嘗知憂也未嘗知勞也未嘗知懼也未嘗知危也孔子辟席曰吾君之問乃聖君之問也丘小人也何足以言之哀公曰否吾子就席微吾子無所聞之矣孔子就席曰然君入廟門升自阼階仰見榱棟俯見几筵其器存其人亡君以此思哀則哀將安不至矣君昧爽而櫛冠平旦而聽朝一物不應亂之端也君以此思憂則憂將安不至矣君平旦而聽朝日昃而退諸侯之子孫必有在君之門廷者君以此思勞則勞將安不至矣君出魯之四門以

桓公問郭氏之墟

望魯之四郊亡國之墟列必有數矣君以此思懼則懼將安不至矣丘聞之君者舟也庶人者水也水則載舟水則覆舟君以此思危則危將安不至矣夫執國之柄履民之上懔乎如以腐索御奔馬易曰履虎尾詩曰如履薄冰不亦危乎哀公再拜曰寡人雖不敏請事此語矣

昔者齊桓公出遊於野見亡國故城郭氏之墟問於野人曰是為何墟野人曰是為郭氏之墟桓公曰郭氏者曷為墟野人曰郭氏者善善而惡惡桓公曰善善而惡惡人之善行也其所以為墟者何也野人曰善善而不能行惡惡而不能去是以為墟也桓公歸

文公善納善言而霸

平公過九原而歎

以語管仲曰其人爲誰桓公曰不知也管仲曰君亦一郭氏也於是桓公招野人而賞焉

晉文公田於虢遇一田夫而問曰虢之爲虢久矣子處此故矣虢之亡其有說乎對曰虢君斷則不能諫則無與也不能斷又不能用人此虢之所以亡文公以輟田而歸遇趙衰而告之趙衰曰今其人安在君曰吾不與之來也趙衰曰古之君子聽其言而用其人今之君子聽其言而弃其身哀哉晉國之憂也文公乃召賞之於是晉國樂納善言文公卒以霸

晉平公過九原而歎曰嗟乎此地之蘊吾良臣多矣若使死者起也吾將誰與歸乎叔向對曰其趙武乎

諸梁問晉趙文子於樂王鮒

平公曰子黨於子之師也對曰臣敢言趙武之爲人也立若不勝衣言若不出於口然其身舉士於白屋下者四十六人皆得其意而公家甚賴之及文子之死也四十六人皆就賓位是其無私德也臣故以爲賢也平公曰善夫趙武賢臣也相晉天下無兵革者九年春秋曰晉趙武之力盡得人也

葉公諸梁問樂王鮒曰晉大夫趙文子爲人何若對曰好學而受規諫葉公曰疑未盡之矣對曰好學智也受規諫仁也江出汶山其源若甕口至楚國其廣十里無他故其下流多也人而好學受規諫宜哉其立也詩曰其惟哲人告之話言順德之行此之謂也

鍾子期聞擊磬者

誠心足以開金石

鍾子期夜聞擊磬聲者而悲旦召問之曰何哉子之擊磬若此之悲也對曰臣之父殺人而不得臣之母得而為公家隸臣得而為公家擊磬臣不睹臣之母三年於此矣昨日為舍市而睹之意欲贖之無財身又公家之有也是以悲也鍾子期曰悲在心也非在手也非木非石也悲於心而木石應之以至誠故也人君苟能至誠動於內萬民必應而感移堯舜之誠感於萬國動於天地故荒外從風鳳麟翔舞下及微物咸得其所易曰中孚豚魚吉此之謂也

勇　一呼三軍皆辟士之誠也昔者楚熊渠子夜行見寢石以為伏虎關弓射之滅矢飲羽下視知石也

孛不禳彗星

卻復射之矣摧無迹熊渠子見其誠心而金石爲之
開況人心乎唱而不和動而不隨中必有不全者矣
夫不降席而匡天下者求之己也孔子曰其身正不
令而行其身不正雖令不從先王之所以拱揖指揮
而四海賓者誠德之至已形於外故詩曰王猶允塞
徐方既來此之謂也
齊有彗星齊侯使祝禳之晏子曰無益也祇取誣焉
天道不諂不貳其命若之何禳之也且天之有彗以
除穢也君無穢德又何禳焉若德之穢禳之何損詩
云惟此文王小心翼翼昭事上帝聿懷多福厥德不
回以受方國君無違德方國將至何患於彗詩曰我

無所監夏后及商用亂之故民卒流亡若德之回亂民將流亡祝史之爲無能補也公說乃止

宋景公時熒惑在心懼召子韋而問曰熒惑在心何也子韋曰熒惑天罰也心宋分野也禍當君身雖然可移於宰相公曰宰相所使治國也而移死焉不祥寡人請自當也子韋曰可移於民公曰民死將誰君乎寧獨死耳子韋曰可移於歲公曰歲饑民餓必死爲人君欲殺其民以自活其誰以我爲君乎是寡人之命固盡矣子無復言矣子韋還走北面再拜曰臣敢賀君天之處高而聽卑君有仁人之言三天必三賞君今夕星必徙舍君延壽二十一歲公曰子何以

有爵生鸇為亡國之禍

知之對曰君有三善故三賞星必三舍舍行七星星當一年三七二十一故曰延壽二十一年臣請伏於陛下以司之星不徙臣請死之公曰可是夕也星三徙舍如子韋言老子曰能受國之不祥是謂天下之王也

宋康王時有爵生鸇於城之陬使史占之曰小而生巨必霸天下康王大喜於是滅滕伐薛取淮北之地乃愈自信欲霸之亟成故射天笞地斬社稷而焚之曰威嚴伏天地鬼神罵國老之諫者為無頭之棺以示有勇剖傴者之背鍥朝涉之脛而國人大駭齊聞而伐之民散城不守王乃逃兒侯之館遂得病而死

故見祥而爲不可祥反爲禍臣向愚以鴻範傳推之宋史之占非也此黒祥傳所謂黒眚者也猶魯之有鸜鵒爲黒祥也屬於不謀其咎急也鸇者黒色食爵大於爵害爵也攫擊之物貪叨之類爵而生鸇者是宋君且行急暴擊伐貪叨之行距諫以生大禍以自害也故爵生鸇於城陬者以亡國也明禍且害國也康王不悟遂以滅亡此其効也

新序卷第四

哀公問學於子夏

新序卷第五

陽朔元年二月癸卯護左都水使者光禄大夫臣劉向上

雜事

魯哀公問子夏曰必學而後可以安國保民乎子夏曰不學而能安國保民者未甞聞也哀公曰然則五帝有師乎子夏曰有臣聞黄帝學乎太眞顓頊學乎緑圖帝嚳學乎赤松子堯學乎尹壽舜學乎務成跗禹學乎西王國湯學乎威子伯文王學乎鉸時子斯武王學乎郭叔周公學乎太公仲尼學乎老聃此十一聖人未遭此師則功業不著乎天下名號不傳乎千世詩曰不愆不忘率由舊章此之謂也夫不學不

聖人皆有所學

明古道而能安國家者未之有也
呂子曰神農學悉老黃帝學大眞顓頊學伯夷父帝嚳學伯招帝堯學州支父帝舜學許由禹學大成執湯學小臣文王武王學太公望周公旦齊桓公學管夷吾隰朋晉文公學咎犯隨會秦穆公學百里奚公孫支楚莊王學孫叔敖沈尹筮吳王闔閭學伍子胥文之儀越王勾踐學范蠡大夫種此皆聖人之所學也且夫天生人而使其耳可以聞不學其聞則不若聾使其目可以見不學其見則不若盲使其口可以言不學其言則不若瘖使其心可以智不學其智則不若狂故凡學非能益之也達天性也能全天之所

置網一面得四十國

澤及朽骨

生而勿敗之所謂善學者矣

湯見祝網者置四面其祝曰從天墜者從地出者從四方來者皆離吾網湯曰嘻盡之矣非桀其孰爲此湯乃解其三面置其一面更教之祝曰昔蛛蝥作網今之人循序欲左者左欲右者右欲高者高欲下者下吾取其犯命者漢南之國聞之曰湯之德及鳥獸矣四十國歸之人置四面未必得鳥湯去三面置其一面以網四十國非徒網鳥也

周文王作靈臺及爲池沼掘地得死人之骨吏以聞於文王文王曰更葬之吏曰此無主矣文王曰有天下者天下之主也有一國者一國之主也寡人固其

主又安求主遂令吏以衣棺更葬之天下聞之皆曰文王賢矣澤及朽骨又况於人乎或得寶以危國文王得朽骨以喻其意而天下歸心焉

桓公迎管仲於魯

管仲傅齊公子糾鮑叔傅公子小白齊公孫無知殺襄公公子糾奔魯小白奔莒齊人誅無知迎公子糾於魯公子糾與小白爭入管仲射小白中其帶鉤小白佯死遂先入是爲齊桓公公子糾死管仲奔魯桓公立國定使人迎管仲於魯遂立以爲仲父委國而聽之九合諸侯一匡天下爲五伯長

文公赦里鳧須而用之

里鳧須晉公子重耳之守府者也公子重耳出亡於晉里鳧須竊其寶貨而逃公子重耳反國立爲君里

鳧須造門願見文公方沐其謁者復文公握髮而應之曰吾鳧須邪曰然謂鳧須曰若猶有以面目而復見我乎謁者謂里鳧須鳧須對曰臣聞之沐者其心覆心覆者言悖君意沐邪何悖也謁者復文公見之曰若竊我貨寶而逃我謂汝猶有面目而見我邪汝曰君何悖也是何也鳧須曰然君反國國之半不自安也君寧棄國之半乎其寧有全晉乎文公曰何謂也鳧須曰得罪於君者莫大於鳧須矣君謂赦鳧須顯出以爲右始鳧須之罪重也君猶赦之況有輕於鳧須者乎文公曰聞命矣遂赦之明日出行國使爲右翕然晉國皆安語曰桓公任其賊而文公用其盜

甯戚商歌干齊桓公

故曰明主任計不任怒闇主任怒不任計計勝怒者彊怒勝計者亡此之謂也

甯戚欲干齊桓公窮困無以自進於是爲商旅賃車以適齊暮宿於郭門之外桓公郊迎客夜開門辟賃車者執火甚盛從者甚衆甯戚飯牛於車下望桓公而悲擊牛角疾商歌桓公聞之撫其僕之手曰異哉此歌者非常人也命後車載之桓公反至從者以請桓公曰賜之衣冠將見之甯戚見說桓公以合境内明日復見說桓公以爲天下桓公大悅將任之群臣爭之曰客衛人去齊五百里不遠不若使人問之固賢人也任之未晚也桓公曰不然問之恐其有小惡

以其小惡忘人之大美此人主所以失天下之士也且人固難全權用其長者遂舉大用之而授之以爲卿當此舉也桓公得之矣所以霸也

桓公五往而得見小臣稷

齊桓公見小臣稷一日三至不得見也從者曰萬乘之主布衣之士一日三至而不得見亦可以止矣桓公曰不然士之慠爵祿者固輕其主其主慠霸王者亦輕其士縱夫子慠爵祿吾庸敢慠霸王乎五往而後得見天下聞之皆曰桓公猶下布衣之士而況國君乎於是相率而朝靡有不至桓公之所以九合諸侯一匡天下者遇士於是也詩云有覺德行四國順之桓公其以之矣

魏文侯過段干木之閭而軾其僕曰君何爲軾曰此非段干木之閭乎段干木蓋賢者也吾安敢不軾且吾聞段干木未嘗肯以己易寡人也吾安敢高之段干木光乎德寡人光乎地段干木富乎義寡人富乎財地不如德財不如義寡人當事之者也遂致祿百萬而時往問之國人皆喜相與誦之曰吾君好正段干木之敬吾君好忠段干木之隆居無幾何秦興兵欲攻魏司馬唐且諫秦君曰段干木賢者也而魏禮之天下莫不聞無乃不可加兵乎秦君以爲然乃案兵而輟不攻魏文侯可謂善用兵矣夫君子善用兵也不見其形而攻已成其此之謂也野人之用兵鼓

聲則似雷號呼則動地塵氣充天流失如雨扶傷舉死履腸涉血無罪之民其死者已量於澤矣而國之存亡主之死生猶未可知也其離仁義亦遠矣

秦昭王問孫卿曰儒無益於人之國孫卿曰儒者法先王隆禮義謹乎臣子而能致貴其上者也人主用之則進在本朝置而不用則退編百姓而敵必爲順下矣雖窮困凍餧必不以邪道爲食無置錐之地而明於持社稷之大計叫呼而莫之能應然而通乎裁萬物養百姓之經紀勢在人上則王公之才也在人下則社稷之臣國君之寶也雖隱於窮閻漏屋人莫不貴之道誠存也仲尼爲魯司寇沈猶氏不敢朝飲

其羊公慎氏出其妻慎潰氏踰境而走魯之鬻牛馬
不豫賈布正以待之也居於闕黨闕黨之子弟罔罟
分有親者取多孝悌以化之也儒者在本朝則美政
在下位則美俗儒之爲人下如是矣王曰然則其爲
人上何如孫卿對曰其爲人也廣大矣志意定乎內
禮節脩乎朝法則度量正乎官忠信愛利形乎下行
一不義殺一無罪而得天下不爲也若義信乎人矣
通於四海則天下之外應之而懷之是何也則貴名
白而天下治也故近者謌謳而樂之遠者竭走而趨
之四海之內若一家通達之屬莫不從服夫是之謂
人師詩曰自西自東自南自北無思不服此之謂也

復儒衣見荊王

夫其爲人下也如彼爲人上也如此何爲其無益人之國乎昭王曰善

田贊衣儒衣而見荊王荊王曰先生之衣何其惡也贊對曰衣又有惡此者荊王曰可得而聞邪對曰甲惡於此王曰何謂也對曰冬日則寒夏日則熱衣無惡於甲者矣贊貧故衣惡也今大王萬乘之主也富厚無敵而好衣人以甲臣竊爲大王不取也意者爲其義耶甲兵之事折人之首刳人之腹墮人城郭係人子女其名尤甚不榮意者爲其貴邪苟慮害人人亦必慮害之苟慮危人人亦必慮危之其貴人甚不安之二者爲大王無取焉荊王無以應也昔衛靈公

問陳孔子言俎豆賤兵而貴禮也夫儒服先王之服也而荆王惡之兵者國之凶器也而荆王喜之所以屈於田替而危其國也故春秋曰善爲國者不師此之之謂也

哀公問於孔子曰寡人聞之東益宅不祥信有之乎孔子曰不祥有五而東益不與焉夫損人而益己身之不祥也棄老取幼家之不祥也釋賢用不肖國之不祥也老者不教幼者不學俗之不祥也聖人伏匿天下之不祥也故不祥有五而東益不與焉詩曰各敬爾儀天命不又未聞東益之與爲命也

顏淵侍魯定公于臺東野畢御馬于臺下定公曰善

哉東野畢之御顔淵曰善則善矣雖然其馬將失定
公不悅以告左右曰吾聞之君子不讒人君子亦讒
人乎顔淵不悅歷階而去須臾馬敗聞矣定公躐席
而起曰趨駕請顔淵顔淵至定公曰向寡人曰善哉
東野畢御也吾子曰善則善矣雖然其馬將失矣不
識君子何以知之也顔淵曰臣以政知之昔者舜工
於使人造父工於使馬舜不窮於其民造父不盡其
馬是以舜無失民造父無失馬今東野畢之御也上
車執轡御體正矣周旋步驟朝禮畢矣歷險致遠而
馬力殫矣然求不已是以知其失也定公曰善可少
進與顔淵曰獸窮則觸鳥窮則啄人窮則詐自古及

政甚於虎

文侯問李克吳所以亡

今有窮其下能無危者未之有也詩曰執轡如組兩驂如舞善御之謂也定公曰善哉寡人之過也

孔子北之戎氏有婦人哭於路者其哭甚哀孔子立輿而問曰曷爲哭哀至於此也婦人對曰往年虎食我夫今虎食我子是以哀也孔子曰嘻若是則曷爲不去也曰其政平其吏不苛吾以是不能去也孔子顧子貢曰弟子記之夫政之不平而吏苛乃甚於虎狼矣詩曰降喪飢饉斬伐四國夫政不平也乃斬伐四國而況二人乎其不去宜哉

魏文侯問李克曰吳之所以亡者何也李克對曰數戰數勝文侯曰數戰數勝國之福也其所以亡何也

襄子問王子維吳所以亡

子正假馬之名

以賢者為聰明

李克曰數戰則民疲數勝則主驕以驕主治疲民此其所以亡也是故好戰窮兵未有不亡者也

趙襄子問於王子維曰吳之所以亡者何也對曰吳君吝而不忍襄子曰宜哉吳之亡也吝則（一作而）不能賞賢不忍則不能罰姦賢者不賞有罪不能罰不亡何待

孔子侍坐於季孫季孫之宰通曰君使人假馬其與之乎孔子曰吾聞取於臣謂之取不曰假季孫悟告宰曰自今以來君有取謂之取無曰假故孔子正假馬之名而君臣之義定矣論語曰必也正名詩曰無易由言無曰苟矣可不慎乎

君子曰天子居閨闕之中帷帳之內廣廈之下旃茵

平公問叔向國家大患

莊王用相人之言納士

之上不出襜幄而知天下者以有賢左右也故獨視不如與衆視之明也獨聽不如與衆聽之聰也

晉平公問於叔向曰國家之患孰爲大對曰大臣重祿而不極諫近臣畏罰而不敢言下情不上通此患之大者也公曰善於是令國曰欲進善言謁者不通罪當死

楚人有善相人所言無遺策聞於國莊王見而問於情對曰臣非能相人能觀人之交也布衣也其交皆孝悌篤謹畏令如此者其家必日益身必日安此所謂吉人也官事君者也其交皆誠信有好善如此者事君日益官職日進此所謂吉人也主明臣賢左右

閔王不知其所以亡

多忠臣有失皆敢分爭正諫如此者國日安主日尊天下日富此之謂吉主也臣非能相人能觀人之交也莊王曰善於是乃招聘四方之士夙夜不懈遂得孫叔敖將軍子重之屬以備卿相遂成霸功詩曰濟濟多士文王以寧此之謂也

齊閔王亡居衛晝日步走謂公玉丹曰我已亡矣而不知其故吾所以亡者其何哉公玉丹對曰臣以王爲已知之矣王故尚未之知邪王之所以亡者以賢也以天下之主皆不肖而惡王之賢也因相與合兵而攻王此王之所以亡也閔王慨然太息曰賢固若是其苦邪丹又謂閔王曰古人有辭天下無憂色者

臣聞其聲於王見其實王名稱東帝實有天下去國居衞容貌充盈顏色發揚無重國之意王曰甚善丹知寡人自去國而居衞也帶三益矣遂以自賢驕盈不止閔王亡走衞衞君避宮舍之稱臣而供具閔王不遜衞人侵之閔王去走鄒魯有驕色鄒魯不納遂走莒楚使淖齒將兵救齊因相閔王淖齒擢閔王之筋而懸之廟梁宿昔而殺之而與之共分齊地悲夫閔王臨大齊之國地方數千里然而兵敗於諸侯地奪於燕昭宗廟喪亡社稷不祀宮室空虛身亡逃竄甚於徒隸尚不知所以亡甚可痛也猶自以爲賢豈不哀哉公玉丹徒隸之中而道之諂佞甚矣閔王不

公亡而悟卒得反國

覺追而善之以辱爲榮以憂爲樂其亡晚矣而卒見殺先是靖郭君殘賊其百姓害傷其群臣國人將背叛共逐之其御知之豫裝齎食及亂作靖郭君出亡至於野而飢其御出所裝食進之靖郭君曰何以知之而齎食對曰君之暴虐其臣下之謀久矣靖郭君怒不食曰以吾賢至聞也何謂暴虐其御懼曰臣言過也君實賢唯群臣不肖共害賢然後靖郭君悅然後食故齊閔王靖郭君雖至死亡終身不諭者也悲夫

宋昭公出亡至於鄙喟然嘆曰吾知所以亡矣吾朝臣千人發政舉吏無不曰吾君聖者侍御數百人被

爲惑於趙高而亡

服以立無不曰吾君麗者內外不聞吾過是以至此由宋君觀之人主之所以離國家失社稷者諂諛者衆也故宋昭亡而能悟蓋得反國云

秦二世胡亥之爲公子也昆弟數人詔置酒饗群臣召諸子諸子賜食先罷胡亥下堦視群臣陳履狀善者因行踐敗而去諸子聞見之者莫不太息及二世即位皆知天下必弃之也故二世惑於趙高輕大臣不顧下民是以陳勝奮臂於關東閻樂作亂於望夷閻樂趙高之壻也爲咸陽令詐爲逐賊將吏卒入望夷宮攻射二世就數二世欲加刃二世懼入將自殺有一宦者從之二世謂曰何謂至於此也宦者曰如

侯問忠臣於晏子

宋玉因其友見楚襄王

此久矣二世曰子何不早言對曰臣以不言故得至於此使臣言死久矣然後二世喟然悔之遂自殺

齊侯問於晏子曰忠臣之事君也何若對曰有難不死出亡不送君曰列地而與之疏爵而貴之君有難不死出亡不送可謂忠乎對曰言而見用終身無難臣奚死焉諫而見從終身不亡臣奚送焉若言不見用有難而死是妄死也諫不見從出亡而送是詐爲也故忠臣也者能盡善與君而不能與陷於難

宋玉因其友以見於楚襄王襄王待之無以異宋玉讓其友其友曰夫薑桂因地而生不因地而辛婦人因媒而嫁不因媒而親子之事王未耳何怨於我宋

主不見察於楚襄王

玉曰不然昔者齊有良兔曰東郭㕙蓋一旦而走五百里於是齊有良狗曰韓盧亦一旦而走五百里使之遥見而指屬則雖韓盧不及衆兔之塵若躡迹而縱緤則雖東郭㕙亦不能離今子之屬臣也躡迹而縱緤與遥見而指屬與詩曰將安將樂弃我如遺此之謂也其友人曰僕人有過僕人有過

宋玉事楚襄王而不見察意氣不得形於顏色或謂曰先生何談說之不揚計畫之疑也宋玉曰不然子獨不見夫玄蝯乎當其居桂林之中峻葉之上從容游戲超騰往來龍興而鳥集悲嘯長吟當此之時雖羿逢蒙不得正目而視也及其在枳棘之中也恐懼

饒去魯而鴻鵠舉

而悼慄危視而蹟行衆人皆得意焉此皮筋非加急而體益短也處勢不便故也夫處勢不便豈可以量功校能哉詩不云乎駕彼四牡四牡項領夫久駕而長不得行項領不亦宜乎易曰臀無膚其行趑趄此之謂也

田饒事魯哀公而不見察田饒謂魯哀公曰臣將去君而鴻鵠舉矣哀公曰何謂也田饒曰君獨不見夫雞乎頭戴冠者文也足傅距者武也敵在前敢鬭者勇也見食相呼仁也守夜不失時信也雞雖有此五者君猶日瀹而食之何則以其所從來近也夫鴻鵠一舉千里止君園池食君魚鼈啄君菽粟無此五者

君猶貴之以其所從來遠也臣請鴻鵠舉矣哀公曰止吾書子之言也田饒曰臣聞食其食者不毀其器蔭其樹者不折其枝有士不用何書其言爲遂去之燕燕立以爲相三年燕之政大平國無盜賊哀公聞之慨然太息爲之避寢三月抽損上服曰不慎其前而悔其後何可復得詩曰逝將去汝適彼樂土樂土樂土爰得我所春秋曰少長於君則君輕之此之謂也

子張見魯哀公七日而哀公不禮託僕夫而去曰臣聞君好士故不遠千里之外犯霜露冒塵垢百舍重趼不敢休息以見君七日而君不禮君之好士也有

似葉公子高之好龍也葉公子高好龍鉤以寫龍鑿以寫龍屋室雕文以寫龍於是夫龍聞而下之窺頭於牖拖尾於堂葉公見之弃而還走失其魂魄五色無主是葉公非好龍也好夫似龍而非龍者也今臣聞君好士故不遠千里之外以見君七日不禮君非好士也好夫似士而非士者也詩曰中心藏之何日忘之敢託而去

昔者楚丘先生行年七十披裘帶索往見孟嘗君欲趨不能進孟嘗君曰先生老矣春秋高矣何以教之楚丘先生曰噫將我而老乎噫將使我追車而赴馬乎投石而超距乎逐麋鹿而搏豹虎乎吾已死矣何

暇老哉噫將使我出正辭而當諸侯乎決嫌疑而定
猶豫乎吾始壯矣何老之有孟嘗君逡巡避席面有
愧色詩曰老夫灌灌小子蹻蹻言老夫欲盡其謀而
少者驕而不受也秦穆公所以敗其師殷紂所以亡
天下也故書曰黃髮之言則無所愆詩曰壽胥與試
美用老人之言以安國也

齊有閭丘卬年十八道遮宣王曰家貧親老願得小
仕宣王曰子年尚稚未可也閭丘卬對曰不然昔有
顓頊行年十二而治天下秦項橐七歲爲聖人師由
此而觀之卬不肖耳年不稚矣宣王曰未有咫角驂
駒而能服重致遠者也由此觀之夫士亦華髮墮顛

而後可用耳聞丘卭曰不然夫尺有所短寸有所長驊騮騄驥天下之俊馬也使之與貍鼬試於釜竈之間其疾未必能過貍鼬也黃鵠白鶴一舉千里使之與燕服翼試之堂廡之下廬室之間其便未必能過燕服翼也辟閭巨闕天下之利器也擊石不缺刺石不銼使之與管稾決目出眯其便未必能過管稾也由此觀之華髮墮顛與卭何以異哉宣王曰善子有善言何見寡人之晚也卭對曰夫雞豚讙嗷即奪鍾鼓之音雲霞充咽則奪日月之明讒人在側是以見晚也詩曰聽言則對譖言則退庸得進乎宣王拊軾曰寡人有過遂載與之俱歸而用焉故孔子曰後生

可長安知來者之不如今此之明也

荆人卞和得玉璞而獻之荆厲王使玉尹相之曰石也王以和爲謾而斷其左足厲王薨武王即位和復奉玉璞而獻之武王武王使玉尹相之曰石也又以爲謾而斷其右足武王薨共王即位和乃奉玉璞而哭於荆山中三日三夜泣盡而繼之以血共王聞之使人問之曰天下刑之者衆矣子獨何哭之悲也對曰寶玉而名之曰石貞士而戮之以謾此臣之所以悲也共王曰惜矣吾先王之聽難剖石而易斬人之足夫死者不可生斷者不可屬何聽之殊也乃使人理其璞而得寶焉故名之曰和氏之璧故曰珠玉者

人主之所貴也和雖獻寶而美未爲玉尹用也進寶
且若彼之難也況進賢人乎賢人與姦臣猶仇讎也
於庸君意不合夫欲使姦臣進其讎於不合意之君
其難萬倍於和氏之璧又無斷兩足之臣以推其難
猶拔山也千歲一合若繼踵然後霸王之君興焉其
賢而不用不可勝載故有道者之不戮也宜白玉之
璞未獻耳

新序卷第五

米者侈而亡

新序卷第六

陽朔元年二月癸卯護左都水使者光祿大夫臣劉向上

刺奢

桀作瑤臺罷民力殫民財爲酒池糟隄縱靡靡之樂一鼓而牛飲者三千人群臣相持歌曰江水沛沛兮舟檝敗兮我王廢兮趣歸薄兮薄亦大兮又曰樂兮樂兮四牡蹻兮六轡沃兮去不善而從善何不樂兮伊尹知天命之至舉觴而告桀曰君王不聽臣之言亡無日矣桀拍然而作啞然而笑曰子何妖言吾有天下如天之有日也日有亡乎日亡吾亦亡矣於是接履而趨遂適湯湯立爲相故伊尹去官入殷殷王

奢侈而亡

綰諫魏王起中天臺

而夏亡
紂爲鹿臺七年而成其大三里高千尺臨望雲雨作炮烙之刑戮無辜奪民力寃暴施於百姓慘毒加於大臣天下叛之願臣文王及周師至令不行於左右悲夫當是時求爲匹夫不可得也紂自取之也
魏王將起中天臺令曰敢諫者死許綰負操鍤入曰聞大王將起中天臺臣願加一力王曰子何力有加綰曰雖無力能商臺王曰若何曰臣聞天與地相去萬五千里今王因而半之當起七千五百里之臺高既如是其趾須方八千里盡王之地不足以爲臺趾古者堯舜建諸侯地方五千里王必起此臺先以兵

靈公聽宛春諫鑿池

伐諸侯盡有其地猶不足又伐四夷得方八千里乃足以爲臺趾材木之積人徒之衆倉廩之儲數以萬億度八千里之外當定農畝之地足以奉給王之臺者臺具以備乃可以作魏王默然無以應乃罷起臺

衛靈公以天寒鑿池宛春諫曰天寒起役恐傷民公曰天寒乎宛春曰君衣狐裘坐熊席陬隅有竈是以不寒今民衣弊不補履決不苴君則不寒民誠寒矣公曰善令罷役左右諫曰君鑿池不知天寒以宛春知而罷役是德歸宛春怨歸於君公曰不然宛春魯國之匹夫吾舉之民未有見焉今將令民以此見之且春也有善寡人有春之善非寡人之善與靈公論

宛春可謂知君之道矣

齊宣王爲大室大蓋百畝堂上三百户以齊國之大具之三年而未能成群臣莫敢諫者香居問宣王曰荆王釋先王之禮樂而爲淫樂敢問荆邦爲有主乎王曰爲無主敢問荆邦爲有臣乎王曰爲無臣居曰今王爲大室三年不能成而群臣莫敢諫者敢問王爲有臣乎王曰爲無臣香居曰臣請避矣趨而出王曰香子留何諫寡人之晚也遽召尚書曰書之寡人不肖好爲大室香子止寡人也

趙襄子飲酒五日五夜不廢酒謂侍者曰我誠邦士也夫飲酒五日五夜矣而殊不病優莫曰君勉之不

及紂二日耳紂七日七夜今君五日耳襄子懼謂優莫曰然則吾亡乎優莫曰不亡襄子曰不及紂二日耳不亡何待優莫曰桀紂之亡也遇湯武今天下盡桀也而君紂也桀紂並世焉能相亡然亦殆矣

晏子諫齊景公飲酒

齊景公飲酒而樂釋衣冠自鼓缶謂侍者曰仁人亦樂是夫梁丘子曰仁人耳目亦猶人也奚爲獨不樂此也公曰速駕迎晏子晏子朝服以至公曰寡人甚樂此樂也願與夫子共之請去禮晏子對曰君之言過矣齊國五尺之童子力盡勝嬰而又勝君所以不敢亂者畏禮也上若無禮無以使其下下若無禮無以事其上夫麋鹿唯無禮故父子同麀人之所以貴

於禽獸者以有禮也詩曰人而無禮胡不遄死故禮不可去也公曰寡人無良左右淫湎寡人以至於此請殺之晏子曰左右何罪君若好禮左右有禮者至無禮者去君若惡禮亦將如之公曰善請革衣冠更受命乃廢酒而更尊朝服而坐觴三行晏子趨出

魏文侯見箕季其牆壞而不築文侯曰何爲不築對曰不時其牆枉而不端問曰何不端曰固然從者食其園之桃箕季禁之少焉日晏進糲餐之食瓜瓠之羹文侯出其僕曰君亦無得於箕季矣曩者進食臣竊窺之糲餐之食瓜瓠之羹文侯曰吾何無得於季也吾一見季而得四焉其牆壞不築云待時者教我

司城子罕荅荆使

無奪農時也牆枉而不端對曰固然者是教我無侵封疆也從者食園桃箕季禁之豈愛桃哉是教我下無侵上也食我以糲餐者季豈不能具五味哉教我無多斂於百姓以省飲食之養也

士尹池爲荆使於宋司城子罕止而觴之南家之牆擁於前而不直西家之潦經其宮而不止士尹池問其故司城子罕曰南家工人也爲鞔者也吾將徙之其父曰吾恃爲鞔已食三世矣今徙是宋邦之求鞔者不知吾處也吾將不食願相國之憂吾不食也爲是故吾不徙西家高吾宮卑潦之經吾宮也利爲是故不禁也士尹池歸荆適興兵欲攻宋士尹池諫於

王曰宋不可攻也其主賢其相仁賢者得民仁者能用人攻之無功爲天下笑楚釋宋而攻鄭孔子聞之曰夫修之於廟堂之上而折衝於千里之外者司城子罕之謂也

獻子以畜賢爲富

魯孟獻子聘於晉宣子觴之三徙鍾石之懸不移而具獻子曰富哉家宣子曰子之家孰與我家富獻子曰吾家甚貧惟有二士曰顏回茲無靈者使吾邦家安平百姓和協惟此二者耳吾盡於此矣客出宣子曰彼君子也以畜賢爲富我鄙人也以鍾石金玉爲富孔子曰孟獻子之富可著於春秋

穆公以粟易粃食鳧

鄒穆公有令食鳧鴈必以粃無得以粟於是倉無粃

而求易於民二石粟而得一石粃吏以爲費請以粟
食之穆公曰去非汝所知也夫百姓飽牛而耕暴背
而耘勤而不惰者豈爲鳥獸哉粟米人之上食奈何
其以養鳥且爾知小計不知大會周諺曰囊漏貯中
而獨不聞歟夫君者民之父母取倉之粟移之於民
此非吾之粟乎鳥苟食鄒之粃不害鄒之粟也粟之
在倉與在民於我何擇鄒民聞之皆知私積與公家
爲一體也此之謂知富邦

新序卷第六

子高辭諸侯而耕

新序卷第七

陽朔元年二月癸卯護左都水使者光禄大夫臣劉向上

節士

堯治天下伯成子高爲諸侯焉堯授舜舜授禹伯成子高辭爲諸侯而耕禹往見之則耕在野禹趨就下位而問焉曰昔者堯治天下吾子立爲諸侯焉堯授舜吾子猶存焉及吾在位子辭諸侯而耕何故伯成子高曰昔堯之治天下舉天下而傳之他人至無欲也擇賢而與之其位至公也以至無欲至公之行示天下故不賞而民勸不罰而民畏舜亦猶然今君賞罰而民欲且多私是君之所懷者私也百姓知之貪

拒龍逢之諫

殺比干

爭之端自此始矣德自此衰刑自此繁矣吾不忍見以是野處也今君又何求而見我君行矣無留吾事耕而不顧書曰旁施象刑維明及禹不能春秋曰五帝不告誓信厚也

桀為酒池足以運舟糟丘足以望七里一鼓而牛飲者三千人關龍逢進諫曰為人君身行禮義愛民節財故國安而身壽也今君用財若無盡用人若恐不能死不革天禍必降而誅必至矣君其革之立而不去朝桀因囚拘之君子聞之曰未之命矣夫

紂作炮烙之刑王子比干曰主暴不諫非忠臣也畏死不言非勇士也見過則諫不用則死忠之至也遂

子臧讓國

進諫三日不去朝紂因而殺之詩曰昊天太憮予慎無辜無辜而死不亦哀哉

曹公子喜時字子臧曹宣公子也宣公與諸侯伐秦卒於師曹人使子臧迎喪使公子負芻與太子留守負芻殺太子而自立子臧見負芻之當主也宣公既葬子臧將亡國人皆從之負芻立是爲曹成公成公懼告罪且請子臧子臧乃反成公遂爲君其後晉侯會諸侯執曹成公歸之京師將見子臧於周天子而立之子臧曰前記有之聖達節次守節下不失節爲君非吾節也雖不能聖敢失守乎遂亡奔宋曹人數請晉侯謂子臧反國吾歸爾君於是子臧反國晉乃

言天子歸成公於曹子臧遂以國致成公成公爲君子臧不出曹國乃安子臧讓千乘之國可謂賢矣故春秋賢而褒其後

延陵季子者吳王之子也嫡同母昆弟四人長曰遏次曰餘祭次曰夷昧次曰札札即季子最小而賢兄弟皆愛之既除喪將立季子季子辭曰曹宣公之卒也諸侯與曹人不義曹君將立子臧子臧去之遂不爲也以成曹君君子曰能守節矣君義嗣也誰敢干君有國非吾節也札雖不才願附子臧以無失節固立之棄其室而耕乃舍之遏曰今若是作而與季子季子必不受請無與子而與弟弟兄迭爲君而致諸

侯乎季子皆曰諾故諸其爲君者皆輕死爲勇飲食必祝曰天若有吾國必疾有禍予身故謁也死餘祭立餘祭死夷昧立夷昧死而國宜之季子也季子使而未還僚者長子之庶兄也自立爲吳王季子使而還至則君事之謁之子曰王子光號曰闔閭不悅曰先君之所爲不與子而與弟者凡爲季子也將從先君之命則國宜之季子也如不從先君之命而與子我宜當立者也僚惡得爲君於是使專諸刺僚而致國乎季子季子曰爾殺我君吾授爾國是吾與爾爲亂也爾殺我兄吾又殺爾是父子兄弟相殺終身無已也去而之延陵終身不入吳國故號曰延陵季子

君子以其不受國爲義以其不殺爲仁是以春秋賢季子而尊貴之也

延陵季子將西聘晉帶寶劒以過徐君徐君觀劒不言而色欲之延陵季子爲有上國之使未獻也然其心許之矣致使於晉故反則徐君死於楚於是脫劒致之嗣君從者止之曰此吳國之寶非所以贈也延陵季子曰吾非贈之也先日吾來徐君觀吾劒不言而其色欲之吾爲有上國之使未獻也雖然吾心許之矣今死而不進是欺心也愛劒僞心廉者不爲也遂脫劒致之嗣君嗣君曰先君無命孤不敢受劒於是季子以劒帶徐君墓樹而去徐人嘉而歌之曰延

公子止自責不嘗藥

伋壽兄弟俱死

陵季子兮不忘故脫千金之劍兮帶丘墓

許悼公疾瘧飲藥毒而死太子止自責不嘗藥不立其位與其弟緯專哭泣啜餰粥嗌不容粒痛己之不嘗藥未逾年而死故春秋義之

衛宣公之子伋也壽也朔也伋前母子也壽與朔後母子也壽之母與朔謀欲殺太子伋而立壽也使人與伋乘舟於河中將沉而殺之壽知不能止也因與之同舟舟人不得殺伋方乘舟時伋傅母恐其死也閔而作詩二子乘舟之詩是也其詩曰二子乘舟汎汎其景願言思子中心養養於是壽閔其兄之且見害作憂思之詩黍離之詩是也其詩曰行邁靡靡中

心搖搖知我者謂我心憂不知我者謂我何求悠悠蒼天此何人哉又使伋之齊將使盜見載旌要而殺之壽止伋伋曰棄父之命非子道也不可壽又與之偕行壽之母知不能止也因戒之曰壽無爲前也壽又爲前竊伋旌以先行幾及齊矣盜見而殺之伋至見壽之死痛其代己死涕泣悲哀遂載其屍還至境而自殺兄弟俱死故君子義此二人而傷宣公之聽讒也

魯公子肸不受宣公祿

魯宣公者魯文公之弟也文公薨文公之子子赤立爲魯侯宣公殺子赤而奪之國立爲魯侯公子肸者宣公之同母弟也宣公殺子赤而肸非之宣公與之

禄則曰我足矣何以兄之食爲哉纎屨而食終身不食宣公之食其仁恩厚矣其守節固矣故春秋美而貴之

晉獻公太子之至靈臺虵繞左輪御曰太子下拜吾聞國君之子虵繞左輪者速得國太子遂不行返乎舍御人見太子太子曰吾聞爲人子者盡和順君不行私欲恭嚴承命不逆君安今吾得國是君失安也見國之利而忘君安非子道也聞得國而拜其聲非君欲也廢子道不孝逆君欲不忠而使我行之殆欲吾國之危明也拔劍將死御止之曰夫禨祥妖孽天之道也恭嚴承命人之行也拜祥戒孽禮也恭嚴承

命不以身恨君孝也今太子見禍不拜失禮殺身恨君失孝從僻心棄正行非臣之所聞也太子曰不然我得國君之孽也拜君之孽不可謂禮見機祥而忘君之安國之賊也懷賊心以事君不可謂孝挾僞意以御天下懷賊心以事君邪之大者也而使我行之是欲國之危明也遂伏劒而死君子曰晉太子徒御使之拜虵祥猶惡之至於自殺者爲見疑於欲國也己之不欲國以安君亦以明矣爲一愚御過言之故至於身死廢子道絕祭祀不可謂孝可謂遠嫌一節之士也

申包胥乞救於秦

申包胥者楚人也吳敗楚兵於栢舉遂入郢昭王出

亡在隨申包胥不受命而赴於秦乞師曰吳爲無道行封豕長虵蠶食天下從上國始於楚寡君失社稷越在草莽使下臣告急曰吳夷狄也夷狄之求無厭滅楚則西與君接境若鄰於君疆埸之患也逮吳之未定君其圖之若得君之靈存撫楚國世以事君秦伯使辭焉曰寡君聞命矣子其就館將圖而告子對曰寡君越在草莽未獲所休下臣何敢即安倚於庭牆立哭日夜不絕聲水漿不入口七日七夜秦哀公爲賦無衣之詩言兵今出包胥九頓首而坐秦哀公曰楚有臣若此而亡吾無臣若此吾亡無日矣於是乃出師救楚申包胥以秦師至楚秦大夫子滿子虎

齊崔杼殺太史兄弟

帥車五百乘子滿曰吾未知吳道使楚人先與吳人戰而會之大敗吳師吳師既退昭王復國而賞始於包胥包胥曰輔君安國非為身也救急除害非為名也功成而受賞非賣勇也君既定又何求焉遂逃賞終身不見君子曰申子之不受命赴秦忠矣七日七夜不絕聲厚矣不受賞不伐矣然賞所以勸善也辭賞亦非常法也

齊崔杼者齊之相也弒莊公止太史無書君弒及賊太史不聽遂書賊曰崔杼弒其君崔子殺之其弟又嗣書之崔氏又殺之死者二人其弟又嗣復書之乃舍之南史氏是其族也聞太史盡死執簡以往將復

求魯岑鼎

子罕以不貪爲寶

書之聞既書矣乃還君子曰古之良史齊攻魯求岑鼎魯君載岑鼎往齊侯不信而反之以爲非也使人告魯君柳下惠以爲是因請受之請魯君請於柳下惠柳下惠對曰君之欲以爲岑鼎也以免國也臣亦有國於此破臣之國以免君之國此臣所難也魯君乃以眞岑鼎往柳下惠可謂守信矣非獨存己之國也又存魯君之國信之於人重矣猶輿之有輗軏也故孔子曰大車無輗小車無軏其何以行之哉此之謂也

宋人有得玉者獻諸司城子罕子罕不受獻玉人曰以示玉人玉人以爲寶故敢獻之子罕曰我以不貪

鄭相不受餽魚

原憲貧非病

爲寶爾以玉爲寶若與我者皆喪寶也不若人有其寶故宋國之長者曰子罕非無寶也所寶者異也今以百金與搏黍以示兒子兒子必取搏黍矣以和氏之璧與百金以示鄙人鄙人必取百金矣以和氏之璧與道德之至言以示賢者賢者必取至言矣其知彌精其取彌精其知彌觕其取彌觕子罕之所寶者至矣

昔者有餽魚於鄭相者鄭相不受或謂鄭相曰子嗜魚何故不受對曰吾以嗜魚故不受魚受魚失祿無以食魚不受得祿終身食魚

原憲居魯環堵之室茨以生蒿蓬戶甕牖揉桑以爲

樞上漏下濕匡坐而弦歌子贛聞之乘肥馬衣輕裘中紺而表素軒車不容巷往見原憲原憲冠葉冠杖藜杖而應門正冠則纓絶衽襟則肘見納屨則踵決子贛曰嘻先生何病也原憲仰而應之曰憲聞之無財之謂貧學而不能行之謂病憲貧也非病也若夫希世而行比周而交學以爲人教以爲己仁義之慝輿馬之飾憲不忍爲也子贛逡巡面有愧色不辭而去原憲曳杖拖屨行歌商頌而反聲滿天地如出金石天子不得而臣也諸侯不得而友也故養志者忘身身且不愛孰能累之詩云我心匪石不可轉也我心匪席不可卷也此之謂也

晏子之晉見披裘負芻息於途者以爲君子也使人問焉曰曷爲而至此對曰齊人纍之吾名曰越石甫晏子曰譆遽解左驂以贖之載而與歸至舍不辭而入越石甫怒而請絕晏子使人應之曰嬰未嘗得交也今免子於患吾於子猶未可耶越石甫曰吾聞君子詘乎不知己而信乎知己者吾是以請絕也晏子乃出見之曰向也見客之容而今也見客之意嬰聞察實者不留聲觀行者不幾辭嬰可以辭而無弃乎越石甫曰夫子禮之敢不敬從晏子遂以爲上客俗人之有功則德德則驕晏子有功免人於厄而反詘下之其去俗亦遠矣此全功之道也

子列子窮容貌有飢色客有言於鄭子陽者曰子列子圉寇蓋有道之士也居君之國而窮君無乃爲不好士乎子陽令官遺之粟數十秉子列子出見使者再拜而辭使者去子列子入其妻望而拊心曰聞爲有道者妻子皆得佚樂今妻子皆有飢色矣君過而遺先生先生又辭豈非命也哉子列子笑而謂之曰君非自知我者也以人之言而知我以人之言而遺我粟也其罪我也又將以人之言此吾所以不受也且受人之養不死其難非義也死其難是死無道之人豈義哉其後民果作難殺子陽子列子之見微除不義遠矣且子列子內有飢寒之憂猶不苟取見得

思義見利思害況其在富貴乎故子列子通乎性命之情可謂能守節矣

屈原者名平楚之同姓大夫有博通之知清絜之行懷王用之秦欲吞滅諸侯并兼天下屈原爲楚東使於齊以結彊黨秦國患之使張儀之楚貨楚貴臣上官大夫靳尚之屬上及令尹子蘭司馬子椒内賂夫人鄭袖共譖屈原屈原遂放於外乃作離騷張儀因使楚絶齊許謝地六百里懷王信左右之姦謀聽張儀之邪説遂絶彊齊之大輔楚既絶齊而秦欺以六里懷王大怒舉兵伐秦大戰者數秦兵大敗楚師斬首數萬級秦使人願以漢中地謝懷王不聽願得張

儀而甘心焉張儀曰以一儀而易漢中地何愛儀請
行遂至楚楚囚之上官大夫之屬共言之王王歸之
是時懷王悔不用屈原之策以至於此於是復用屈
原屈原使齊還聞張儀已去大爲王言張儀之罪懷
王使人追之不及後秦嫁女于楚與懷王歡爲藍田
之會屈原以爲秦不可信願勿會群臣皆以爲可會
懷王遂會果見囚拘客死於秦爲天下笑懷王子頃
襄王亦知群臣諂誤懷王不察其罪反聽群讒之口
復放屈原屈原疾闇主亂俗汶汶嘿嘿以是爲非以
清爲濁不忍見汙世將自投於淵漁父止之屈原曰
世皆醉我獨醒世皆濁我獨清吾獨聞之新浴者必

石奢以父犯法而死

振衣新沐者必彈冠又惡能以其泠泠更事之嘿嘿者哉吾寧投淵而死遂自投湘水汨羅之中而死

楚昭王有士曰石奢其爲人也公正而好義王使爲理於是廷有殺人者石奢追之則其父也遂反於廷曰殺人者僕之父也以父成政不孝不行君法不忠弛罪廢法而伏其辜僕之所守也伏斧鑕命在君君曰追而不及庸有罪乎子其治事矣石奢曰不私其父非孝也不行君法非忠也以死罪生非廉也君赦之上之惠也臣不敢失法下之行也遂不離鈇鑕刎頸而死于廷中君子聞之曰貞夫法哉孔子曰子爲父隱父爲子隱直在其中矣詩曰彼己之子邦之司

晉李離以過殺自責

直石子之謂也

晉文公反國李離爲大理過殺不辜自繫曰臣之罪當死文公令之曰官有上下罰有輕重是下吏之罪也非子之過也李離曰臣居官爲長不與下讓位受禄爲多不與下分利過聽殺無辜委下畏死非義也臣之罪當死矣文公曰子必自以爲有罪則寡人亦有過矣李離曰君量能而授官臣奉職而任事臣受印綬之日君命曰必以仁義輔政寧過於生無失於殺臣受命不稱壅惠蔽恩如臣之罪乃當死君何過之有且理有法失生即生失殺即死君以臣爲能聽微決疑故任臣以理今離刻深不顧仁義信文墨不

察是非聽他辭不精事實掠服無罪使百姓怨天下聞之必議吾君諸侯聞之必輕吾國怨積於百姓惡揚於天下權輕於諸侯如臣之罪是當重死文公曰吾聞之也直而不枉不可與往方而不圓不可與長存願子以此聽寡人也李離曰君以所私害公法殺無罪而生當死二者非所以教於國也離不敢受命文公曰子獨不聞管仲之為人臣耶身辱而君肆行汙而霸成李離曰臣無管仲之賢而有辱汙之名無霸王之功而有射鉤之累夫無能以臨官籍汙以治人君雖不忍加之於法臣亦不敢汙官亂治以生臣聞命矣遂伏劔而死

晉文公反國酌士大夫酒召咎犯而將之召艾陵而相之授田百萬介子推無爵齒而就位觴三行介子推奉觴而起曰有龍矯矯將失其所有蛇從之周流天下龍旣入深淵得其安所蛇脂盡乾獨不得甘雨此何謂也文公曰嘻是寡人之過也吾爲子爵與待旦之朝也吾爲子田與河東陽之間介子推曰推聞君子之道謁而得位道士不居也爭而得財廉士不受也文公曰使我得反國者子也吾將以成子之名介子推曰推聞君子之道爲人子而不能承其父者則不敢當其後爲人臣而不見察於其君者則不敢立於其朝然推亦無索於天下矣遂去而之介山之

徒狄非其世自沉於河

上文公使人求之不得爲之避寢三月號呼朞年詩曰逝將去汝適彼樂郊適彼樂郊誰之永號此之謂也文公待之不肯出求之不能得以謂焚其山宜出及焚其山遂不出而焚死

申徒狄非其世將自投於河崔嘉聞而止之曰吾聞聖人仁士之於天地之間民之父母也今爲濡足之故不救溺人可也申徒狄曰不然昔者桀殺關龍逢紂殺王子比干而亡天下吳殺子胥陳殺洩治而滅其國故亡國殘家非聖智也不用故也遂負石沉於河君子聞之曰廉矣乎如仁與智吾未見也詩曰天實爲之謂之何哉此之謂也

待餓者不食嗟來之食

袁族目飢不食盜食

齊大飢黔敖爲食於路以待餓者而食之有餓者蒙袂接履貿貿然來黔敖左奉食右執飲曰嗟來食餓者揚其目而視之曰予唯不食嗟來之食以至於此也從而謝焉終不食而死曾子聞之曰微與其嗟也可去其謝也可食

東方有士曰袁族目將有所適而飢於道狐父之盜丘人也見之下壺餐以與之袁族目三餔而能視仰而問焉曰子誰也曰我狐父之盜丘人也袁族目曰譆汝乃盜也何爲而食我以吾不食也兩手據地而歐之不出喀喀然遂伏地而死縣名爲勝母曾子不入邑號朝歌墨子回車故孔子席不正不坐割不正

不食不飲盜泉之水積正也族目不食而死潔之至
也
鮑焦衣弊膚見挈畚將蔬遇子贛於道子贛曰吾子
何以至此也焦曰天下之遺德教者衆矣吾何以不
至於此也吾聞之世不已知而行之不已者是爽行
也上不已知而干之不止者是毀廉也行爽廉毀然
且不舍惑於利者也子贛曰吾聞之非其世者不生
其利汙其君者不履其土今吾子汙其君而履其土
非其世而將其蔬此誰之有哉鮑焦曰嗚呼吾聞賢
者重進而輕退廉者易醜而輕死乃棄其蔬而立槁
死於洛水之上君子聞之曰廉夫剛哉夫山銳則不

高水狹則不深行特者其德不厚志與天地疑者其爲人不祥鮑子可謂不祥矣其節度淺深適至而止矣詩曰已焉哉天實爲之謂之何哉

公孫杵臼程嬰者晉大夫趙朔客也晉趙穿弒靈公趙盾時爲貴大夫亡不出境還不討賊故春秋責之以盾爲弒君屠岸賈者幸於靈公晉景公時賈爲司寇欲討靈公之賊盾已死欲誅盾之子趙朔徧告諸將曰盾雖不知猶爲首賊賊臣弒君子孫在朝何以懲罪請誅之韓厥曰靈公遇賊趙盾在外吾先君以爲無罪故不誅今諸君將妄誅妄誅謂之亂臣有大事君不聞是無君也屠岸賈不聽韓厥告趙朔趨亡

趙朔不肯，曰：子必不絕趙祀，子死不恨。韓厥許諾，稱疾不出。賈不請而擅與諸將攻趙氏於下宮，殺趙朔、趙同、趙括、趙嬰齊，皆滅其族。趙朔妻成公姊，有遺腹，走公宮匿。公孫杵臼謂程嬰：胡不死？嬰曰：朔之妻有遺腹，若幸而男，吾奉之；即女也，吾徐死耳。無何而朔妻免，生男。屠岸賈聞之，索於宮。朔妻置兒袴中，祝曰：趙宗滅乎，若號；即不滅乎，若無聲。及索，兒竟無聲。已脫，程嬰謂杵臼曰：今一索不得，後必且復之，奈何？杵臼曰：立孤與死孰難？嬰曰：立孤亦難耳。杵臼曰：趙氏先君遇子厚，子彊爲其難者，吾爲其易者，吾請先死。而二人謀取他嬰兒負，以文褓匿山中。嬰謂諸將曰嬰不肖不能立孤誰能與吾千金吾告趙氏孤處諸將皆喜許之發師隨嬰攻杵臼杵臼曰小人哉程嬰下宮之難不能死與我謀匿趙氏孤兒今又賣之縱不能立孤兒忍賣之乎抱而呼天乎趙氏孤兒何罪請活之獨殺杵臼也諸將不許遂并殺杵臼與兒諸將以爲趙氏孤兒已死皆喜然趙氏眞孤兒乃在程嬰卒與俱匿山中居十五年晉景公病卜之大業之胄者爲祟景公問韓厥韓厥知趙孤存乃曰大業之後在晉絶祀者其趙氏乎夫自中行衍皆嬴姓也中行衍人面鳥噣降佐帝大戊及周天子皆有明德下及幽厲無道而叔帶去周適晉事先君繆侯至于成

公世有立功未嘗絶祀今及吾君獨滅之趙宗國人
哀之故見龜筴唯君圖之景公問趙尚有後子孫乎
韓厥具以實告景公乃與韓厥謀立趙孤兒召匿之
宮中諸將入問病景公因韓厥之衆以脅諸將而見
趙孤兒孤兒名武諸將不得已乃曰昔下宮之難屠
岸賈爲之矯以君命并命群臣非然孰敢作難微君
之病群臣固將請立趙後今君有命群臣願之於是
召趙武程嬰徧拜諸將遂俱與程嬰趙氏攻屠岸賈
滅其族復與趙氏田邑如故趙武冠爲成人程嬰乃
辭大夫謂趙武曰昔下宮之難皆能死我非不能死
思立趙氏後今子既立爲成人趙宗復故我將下報

張胥鄙剛勇

趙孟與公孫杵臼趙武號泣固請曰武願苦筋骨以報子至死而子忍棄我死乎程嬰曰不可彼以我爲能成事故皆先我死今我不下報之是以我事爲不成也遂自殺趙武服衰三年爲祭邑春秋祠之世不絕君子曰程嬰公孫杵臼可謂信交厚士矣嬰之自殺下報亦過矣

吳有士曰張胥鄙謂夫吾前交而後絕張胥鄙有罪拘將死謂夫吾合徒而取之出至於道而後乃知其夫吾也輟行而辭曰義不同於子故前交而後絕吾聞之君子不爲危易行今吾從子是安則肆志危則易行也與吾因子而生不若反拘而死闔閭聞之令

蘇武不降匈奴

吏釋之張胥鄙曰吾義不同於譚夫吾故不受其任
矣今吏以是出我以譚夫吾故免也吾庸遽受之乎
遂觸牆而死譚夫吾聞之曰我任而不受佞也不知
而出之愚也佞不可以接士愚不可以事君吾行虛
矣人惡以吾力生吾亦恥以此立於世乃絕頸而死
君子曰譚夫吾其以失士矣張胥鄙亦未爲得也可
謂剛勇矣未可謂得節也

蘇武者故右將軍平陵侯蘇建子也孝武皇帝時以
武爲移中監使匈奴是時匈奴使者數降漢故匈奴
亦欲降武以取當單于使貴人故漢人衛律說武武
不從乃設以貴爵重祿尊位終不聽於是律絕不與

飲食武數日不降又當盛暑以旃厚衣并束三日暴武心意愈堅終不屈撓稱曰臣事君由子事父也子爲父死無所恨守節不移雖有鈇鉞湯鑊之誅而不懼也尊官顯位而不榮也匈奴亦由此重之武留十餘歲竟不降下可謂守節臣矣詩云我心匪石不可轉也我心匪席不可卷也蘇武之謂也匈奴紿言武死其後漢聞武在使使者求武匈奴欲慕義歸武漢尊武以爲典屬國顯異於他臣也

新序卷第七

從人不與陳恒之盟自殺

棲不從陳桓之劫

新序卷第八

陽朔元年二月癸卯護左都水使者光祿大夫臣劉向上

義勇

陳恒弑簡公而盟盟者皆完其家不盟者殺之右他人曰昔之事其君者皆得其君而事之今謂他人曰舍而君而事我他人不能雖然不盟則殺父母也從而盟是無君臣之禮也生於亂世不得正行劫於暴上不得道義故雖盟不以父母之死不如退而自殺以禮其君乃自殺

陳恒弑君使勇士六人劫子淵棲子淵棲曰子之欲與我以我爲知乎臣弑君非知也以我爲仁乎見利

而背君非仁也以我爲勇乎刼我以兵懼而與子非勇也使吾無此三者與何補於子若吾有此三者終不從子矣乃舍之

宋閔公臣長萬以勇力聞萬與魯戰師敗爲魯所獲囚之宫中數月歸之宋宋閔公博婦人在側公謂萬曰魯君孰與寡人美萬曰魯君美天下諸侯唯魯君耳宜其爲君也閔公矜婦人妬因言曰爾魯之囚虜爾何知萬怒遂搏閔公頰齒落於口絶吭而死仇牧聞君死趍而至遇萬於門攜劒而叱之萬臂擊仇牧而殺之齒著於門闔仇牧可謂不畏彊禦矣趍君之難顧不旋踵

崔杼弒莊公令士大夫盟者皆脫劍而入言不疾指不至血者死所殺十人次及晏子晏子奉桮血仰天歎曰惡乎崔子將爲無道殺其君盟者皆視之崔杼謂晏子曰子與我我與子分國子不吾與吾將殺子直兵將推之曲兵將勾之唯子圖之晏子曰嬰聞回以利而背其君者非仁也劫以刃而失其志者非勇也詩云愷悌君子求福不回嬰可謂不回矣直兵推之曲兵勾之嬰不之回也崔子舍之晏子趨出授綏而乘其僕將馳晏子拊其手曰虎豹在山林其命在庖廚馳不益生緩不益死按之成節然後去之詩云彼己之子舍命不渝晏子之謂也

佛肸以中牟叛置鼎於庭致士大夫曰與我者受邑不吾與者烹大夫皆從之至於田卑（田卑中牟之邑人也）曰義死不避斧鉞之罪義窮不受軒冕之服無義而生不仁而富不如烹褰衣將就鼎佛肸脫屨而生之趙氏聞其叛也攻而取之聞田卑不肯與也求而賞之田卑曰不可也一人舉而萬夫俛首智者不爲也賞一人以慙萬夫義者不取也我受賞使中牟之士懷耻不義辭賞從處曰以行臨人不道吾去矣遂南之楚

楚太子建以費無極之譖見逐建有子曰勝在外子西召勝使治白號曰白公（子西太子建之弟勝之叔父也）勝怨楚逐其父將弑惠王及子西（惠王亦子西之姪惠王之叔也）欲得易甲（人姓名）陳士

盧不為白公勝所劫

勒兵以示易甲曰與我無患不富貴不吾與則此是也易甲笑曰嘗言吾義矣吾子忘之乎立得天下不義吾不取也威吾以兵不義吾不從也今子將弑子之君而使我從子非吾前義也子雖告我以利威我以兵吾不忍為也子行子之威則吾亦得明吾義也逆子以兵爭也應子以聲鄙也吾聞士立義不爭行死不鄙拱而待兵顏色不變也

白公勝將弑楚惠王王出亡令尹司馬皆死拔劍而屬之於屈盧曰子與我將舍子子不與我必殺子盧曰子殺叔父而求福於盧也可乎吾聞知命之士見利不動臨死不恐為人臣者時生則生時死則死是

子閭不受白公勝之
而為王

謂人臣之禮故上知天命下知臣道其有可刼乎子
胡不推之白公勝乃內其劒
白公勝既殺令尹司馬欲立王子閭以為王王子閭
不肯刼之以刃王子閭曰王孫輔相楚國匡正王室
而后自庇焉閭之願也今子假威以暴王室殺伐以
亂國家吾雖死不子從也白公勝曰楚國之重天下
無有天以與子子何不受也王子閭曰吾聞辭天下
者非輕其利也以明其德也不為諸侯者非惡其位
也以絜其行也今吾見國而忘主不仁也刼白刃而
失義不勇也子雖告我以利威我以兵吾不為也白
公彊之不可遂殺之葉公高率衆誅白公而反惠王

莊善死白公之難

陳不占死崔杼之難

於國

白公之難，楚人有莊善者，辭其母將往死之，其母曰

棄其親而死其君，可謂義乎？莊善曰：吾聞事君者，內

其祿而外其身，今所以養母者，君之祿也，身安得無

死乎？遂辭而行，比至公門，三廢車中，其僕曰：子懼矣。

曰：懼。既懼何不返？莊善曰：懼者吾私也，死義吾公也。

聞君子不以私害公，及公門，刎頸而死。君子曰：好義

乎哉！

齊崔杼弒莊公也，有陳不占者，聞君難，將赴之，比去

餐則失匕，上車失軾，御者曰：怯如是，去有益乎？不占

曰：死君義也，無勇私也，不以私害公。遂往，聞戰鬬之

兄子魚來死知伯之難

弘演盡死報君

聲恐駭而死人曰不占可謂仁者之勇也

知伯嚻之時有士曰長兒子魚絶知伯而去之三年將東之越而道聞知伯嚻之見殺也謂御曰還車反吾將死之御曰夫子絶知伯而去之三年矣今反死之是絶屬無別也長兒子魚曰不然吾聞仁者無餘愛忠臣無餘禄吾聞知伯之死而動吾心餘禄之加於我者至今尚存吾將往依之反而死

衛懿公有臣曰弘演遠使未還狄人攻衛其民曰君之所與禄位者鶴也所富者宮人也召使宮人與鶴戰余焉能戰遂潰而去狄人追及懿公於滎澤殺之盡食其肉獨舍其肝弘演至報使於肝畢呼天而號

盡哀而止曰臣請爲表因自刺其腹内懿公之肝而死齊桓公聞之曰衛之亡也以無道今有臣若此不可不存於是救衛於楚丘

芊尹文者荆之歐鹿彘者也司馬子期獵於雲夢載旗之長拖地芊尹文拔劒齊諸軫而斷之貳車抽弓於韔援矢於筩引而未發也司馬子期伏軾而問曰吾有罪於夫子乎對曰臣以君旗拽地故也國君之旗齊於軫大夫之旗齊於軾今子荆國有名大夫而減三等文之斷也不亦可乎子期悅載之王所王曰吾聞有斷子之旗者其人安在吾將殺之子期以文之言告王王悅使文爲江南令而大治

孝赴敵賈勇

卞莊子好勇養母戰而三北交遊非之國君辱之及母死三年冬與魯戰卞莊子請從見於魯將軍曰初與母處是以三北今母死請塞責而神有所歸遂赴敵獲一甲首而獻之曰此塞一北又入獲一甲首而獻之曰此塞再北又入獲一甲首而獻之曰此塞三北將軍曰毋沒爾家宜止之請爲兄弟莊子曰三北以養母也是子道也今士節小具而責塞矣吾聞之節士不以辱生遂返敵殺十人而死君子曰三北又塞責滅世斷家於孝不終也

新序卷第八

桓公不聽管仲盟江黄

新序卷第九

陽朔元年二月癸卯護左都水使者光禄大夫臣劉向上

善謀

齊桓公時江國黄國小國也在江淮之間近楚楚大國也數侵伐欲滅取之江人黄人患楚齊桓公方存亡繼絶救危扶傾尊周室攘夷狄爲陽穀之會貫澤之盟與諸侯將伐楚江人黄人慕桓公之義來會盟於貫澤管仲曰江黄遠齊而近楚楚爲利之國也若伐而不能救無以宗諸侯不可受也桓公不聽遂與之盟管仲死楚人伐江滅黄桓公不能救君子閔之是後桓公信壞義諸侯不附遂陵遲不能復興夫仁智

公用狐偃謀而納周襄王

之謀耶東有衛力所不能救未可以受其質桓公受之過也管仲可謂善謀矣詩云曾是莫聽大命以傾此之謂也

晉文公之時周襄王有弟太叔之難出亡居於鄭不得入使告難于魯于晉于秦其明年春秦伯師于河上將納王狐偃言於晉文公曰求諸侯莫如勤王且大義也諸侯信之繼文之業而信宣於諸侯今為可矣卜偃卜之曰吉遇黃帝戰於阪泉之兆公曰吾不堪也對曰周禮未改今之王古之帝也公曰筮之筮之遇大有之睽曰吉遇公用享于天子之卦戰克而王享吉孰大焉且是卦也天為澤以當日天子降心

獻公假道於虞以伐虢

以迎公不亦可乎夫有去睽而復求其所也晉侯辭秦師而下三月甲辰次于陽樊右師圍温左師逆王夏四月丁巳王入于王城取太叔于温而殺之于隰城戊午晉侯朝王王享醴命之侑與之陽樊温原攢茅之田晉於是始開南陽之地其後三年文公遂再會諸侯以朝天子天子錫之弓矢秬鬯以爲方伯晉文公之命是也卒成霸道狐偃之謀也夫秦魯皆疑晉有狐偃之善謀以成霸功故謀得於帷幄則功施於天下狐偃之謂也

虞虢皆小國也虞有下陽之阻塞虞虢共守之晉不能禽也故晉獻公欲伐虞虢荀息曰君胡不以屈產

之乘與垂棘之璧假道於虞公曰此晉國之寶也彼受吾璧不借吾道則如之何荀息曰此小之所以事大國也彼不借吾道必不敢受吾幣受吾幣而借吾道則是我取之中府置之外府取之中廄置之外廄公曰宮之奇存焉必不使受也荀息曰宮之奇知固知矣雖然其爲人也通心而懦又少長於君通心則其言之略懦則不能彊諫少長於君則君輕之且夫玩好在耳目之前而患在一國之後中知以上乃能慮之臣料虞君中知之下也公遂借道而伐虢宮之奇諫曰晉之使者其幣重其辭卑必不便於虞語曰脣亡則齒寒矣故虞虢之相救非相爲賜也今日亡

虢而朙自亡虞矣公不聽遂受其幣而借之道旋歸四年反取虞荀息牽馬抱璧而前曰臣之謀如何獻公曰璧則猶是而吾馬之齒加長矣晉獻公用荀息之謀而禽虞虞不用宮之奇謀而亡故荀息非覇王之佐戰國兼并之臣也若宮之奇則可謂忠臣之謀也

晉文公秦穆公共圍鄭以其無禮而附於楚鄭大夫佚之狐言於鄭君曰若使燭之武見秦君圍必解鄭君從之召燭之武使之辭曰臣之壯也猶不如人今老矣無能爲也鄭君曰吾不能蚤用子今急而求子是寡人之過也然鄭亡子亦有不利焉燭之武許諾

夜出見秦君曰秦晉圍鄭鄭知亡矣若亡而有益於君敢以煩執事鄭在晉之東秦在晉之西越晉而取鄭君知其難也焉用亡鄭以陪晉晉秦之鄰也鄰之彊君之憂也若舍鄭以爲東道主行李之往來共其資糧亦無所害且君立晉君晉君許君焦瑕朝得入而夕設版而畫界焉君之所知也夫晉何厭之有既東取鄭又欲廣其西境不闕秦將焉取之闕秦而利晉願君圖之秦伯說引兵而還晉咎犯請擊之文公曰不可微夫人之力不能弊鄭因人之力以弊之不仁失其所與不知以亂易整不武吾其還矣亦去鄭圍遂解燭之武可謂善謀二言存鄭而安秦鄭君不

靈王欲霸求諸侯於晉

蚤用善謀所以削國也困而覺焉所以得存

楚靈王即位欲爲霸會諸侯使椒舉如晉求諸侯椒舉致命曰寡君使舉曰君有惠賜盟于宋曰晉楚之從交相見也以歲之不易寡人願結驩於二三君使舉請間君若苟無四方之虞則願假寵以請於諸侯晉君欲勿許司馬侯曰不可楚王方侈天其或者欲盈其心以厚其毒而降之罰未可知也其使能終亦未可知也唯天所相不可與爭君其許之修德以待其歸若歸於德吾猶將事之況諸侯乎若適淫虐楚將棄之吾誰與爭公曰晉有三不殆其何敵之有國險而多馬齊楚多難有是三者何鄕而不濟對曰恃

馬與險而虞鄰之難是三殆也四嶽三塗陽城大室
荊山終南九州之險也是不一姓冀之北土馬之所
生也無興國焉恃險與馬不足以爲固也從古以然
是以先王務德音以亨神人不聞其務險與馬也或
多難以固其國開其疆土或無難以喪其國失其守
宇若何虞難齊有仲孫之難而獲桓公至今頼之晉
有里克之難而獲文公是以爲盟主衛邢無難狄亦
喪之故人之難不可虞也恃此三者而不修政德亡
於不暇有何能濟君其許之紂作淫虐文王惠和殷
是以霣周是以興夫豈爭諸侯哉乃許楚靈王遂爲
申之會與諸侯伐吳起章華之臺爲乾谿之役百姓

罷勞怨懟於下群臣倍畔於上公子弃疾作亂靈王亡逃卒死於野故曰晉不頓一戟而楚人自亡司馬侯之謀也

楚平王殺伍子胥之父子胥出亡挾弓而干闔閭大之甚勇之爲是而欲興師伐楚子胥諫曰不可臣聞之君子不爲匹夫興師且事君猶事父也虧君之義復父之讎臣不爲也於是止蔡昭公朝於楚有美裘楚令尹囊瓦求之昭公不與於是拘昭公於郢數年而后歸之昭公濟漢水沉璧曰諸侯有伐楚者寡人請爲前列楚人聞之怒於是興師伐蔡蔡請救于吳子胥諫曰蔡非有罪也楚人無道也君若有憂中國

秦公用商鞅變法

之心則若此時可矣於是興師伐楚遂敗楚人於栢舉而成霸道子胥之謀也故春秋美而褒之

秦孝公欲用衛鞅之言更爲嚴刑峻法易古三代之制度恐大臣不從於是召衛鞅甘龍杜摯三大夫御於君慮世事之變討正法之本使民之道君曰代位不亡社稷君之道也錯法務明主長臣之行也今吾欲更法以教民吾恐天下之議我也公孫鞅曰臣聞疑行無名疑事無功君亟定變法之慮行之無疑殆無顧天下之議且夫有高人之行者固負非於世有獨知之慮者必見謷於民語曰愚者暗成事知者見未萌民不可與慮始可與樂成功郭偃之法曰論至

德者不和於俗成大功者不謀於衆法者所以愛民也禮者所以便事也是以聖人苟可以治國不法其故苟可以利民不循其禮孝公曰善甘龍曰不然臣聞聖人不易民而教知者不變法而治因民而教者不勞而功成據法而治者吏習而民安之今君變法不循故更禮以教民臣恐天下之議君願君孰慮之公孫鞅曰子之所言者世俗之所知也常人安於所習學者溺於所聞此兩者所以居官而守法也非所與論於典法之外也三代不同道而王五霸不同法而霸知者作法而愚者制焉賢者更禮不肖者拘焉更禮之人不足與言事制法之人不足與論治君無

疑矣杜摯曰利不百不變法功不什不易器臣聞之法古無過循禮無邪君其圖之公孫鞅曰前世不同教何古之法帝王者不相復何禮之循伏犧神農教而不誅黃帝堯舜誅而不怒及至文武各當其時而立法因事而制禮禮法兩定制令各宜甲兵器備各便其用臣故曰治世不一道便國不必古故湯王之王也不循古殷湯之滅也不易禮然則反古者未可非也循禮者未足多也君無疑矣孝公曰善吾聞窮鄉多怪曲學多辯愚者之笑知者哀焉狂夫之樂賢者憂焉拘世之議人心不疑矣於是孝公違龍摯之善謀遂從衛鞅之過言法嚴而酷刑深而必守之以

秦惠王用司馬錯謀伐蜀

公當時取彊遂封鞅爲商君及孝公死國人怨商君至於車裂之其患流漸至始皇赤衣塞路群盜滿山卒以亂亡削刻無恩之所致也三代積德而王齊桓繼絕而霸秦項嚴暴而亡漢王垂仁而帝故仁恩謀之本也

秦惠王時蜀亂國人相攻擊告急於秦惠王欲發兵伐蜀以爲道險峽難至而韓人來侵秦秦惠王欲先伐韓恐蜀亂先伐蜀恐韓襲秦之弊猶與未決司馬錯與張子爭論於惠王之前司馬錯以伐蜀張子曰不如伐韓王曰請聞其說對曰親衛善楚下兵三川塞什谷之口當屯留之道魏絕南陽楚臨南鄭秦攻

新城宜陽以臨二周之郊誅周王之罪侵韓魏之地
周自知不救九鼎寶器必出據九鼎按圖籍挾天子
以令於天下天下莫敢不聽此王業也今夫蜀西僻
之國而戎狄之倫也弊兵勞衆不足以成名得其地
不足以爲利臣聞爭名者於朝爭利者於市今三川
周室天下之朝市也而王不爭焉顧爭於戎狄去王
遠矣司馬錯曰不然臣聞之欲富者務廣其地欲彊
者務富其民欲王者務博其德三資者備而王隨之
矣今王地小民貧故臣願先從事於易夫蜀西僻之
國而戎狄之長也有桀紂之亂以秦攻之譬如以豺
狼逐群羊也得其地足以廣國取其財足以富民繕

兵不傷衆而服焉服一國而天下不以爲暴利盡西海而諸侯不以爲貪是我一舉而名實附也又有禁暴正亂之名今攻韓劫天子惡名也而未必利也有不義之名而攻天下所不欲危矣臣請謁其故周天下之宗室也齊韓之與國也周自知失九鼎韓自知亡三川將二國併力合謀以因乎齊趙而求解乎楚魏以鼎與楚以地與魏以鼎與楚以地與魏王不能止此臣所謂危也不如伐蜀完秦惠王曰善寡人請聽子卒起兵伐蜀十月取之遂定蜀蜀王更號爲侯而使陳叔相蜀蜀既屬秦秦日益彊富厚而制諸侯司馬錯之謀也

黃歇以書解秦兵

楚使黃歇於秦秦昭王使白起攻韓魏韓[illegible]服事秦
昭王方令白起與韓魏共伐楚黃歇適至聞其討是
時秦已使白起攻楚取數縣楚頃襄王東徙黃歇上
書於秦昭王欲使秦遠交楚而攻韓魏以解楚其書
曰天下莫彊於秦楚今聞王欲伐楚此猶兩虎相與
鬬兩虎相與鬬而駑犬受其弊也不如善楚臣請言
其說臣聞之物至則反冬夏是也致高則危累棊是
也今大國之地徧天下有其二垂此從生民以來萬
乘之地未嘗有也今王使盛橋守事於韓盛橋以其
地入秦是王不用甲不信威而得百里之地也王可
謂能矣王又舉甲而攻魏杜大梁之門舉河內拔燕

酸棗虛桃仁邢魏之兵雲翔而不敢救王之功亦多矣王休甲息衆二年而復之有取滿（史作蒲）衍首垣以臨仁平丘黃濟陽甄（史作嬰）城而魏氏服王又割濮歷（史作磿）之北注之秦齊之要絕楚趙之脊天下五合六聚而不敢相救王之威亦單矣王若能持功守威挾戰功之心而肥仁義之地使無後患三王不足四五霸不足六也王若負人徒之衆兵革之彊乘毀魏之威而欲以力臣天下之主臣恐其有後患也詩云靡不有初鮮克有終易曰狐涉水濡其尾此言始之易終之難也何以知其然也智伯見伐趙之利不知榆次之禍吳見伐齊之便而不知干隧之敗此二國者非無大

功也沒利於前而易患於後也吳之親越也從而伐齊既勝齊人於艾陵爲越人所禽於三渚之浦智伯之信韓魏也從而伐趙攻晉陽之城勝有日矣韓魏畔之殺智伯瑶於鑿臺之上今王妬楚之不毀也而忘毀楚之彊韓魏也臣爲王慮而不取也詩曰大武遠宅而不涉從此觀之楚國援也鄰國敵也詩曰躍躍毚兎遇犬獲之他人有心予忖度之今王中道而信韓魏之善王也此吳之親越也臣聞之敵不可假時不可失臣恐韓魏卑辭除患而實欺大國也何則王無重世之德於韓魏而有累世之怨焉夫韓魏父子兄弟接踵而死于秦者將十世矣本國殘社稷壞

宗廟隳刳腹絕腸折顙摺頸身首分離暴骨草澤頭
顱僵仆相望于境係臣束手為群虜者相及於路鬼
神潢洋無所食民不聊生族類離散流亡為僕妾者
盈海內矣故韓魏之不亡秦社稷之憂也今王資之
與攻楚不亦過乎且王攻楚將惡出兵王將藉路於
仇讎之韓魏乎兵出之日而王憂其不反也是王以
兵資於仇讎之韓魏也王若不藉路於仇讎之韓魏
必攻隨水右壤隨水右壤此皆廣川大水山林谿谷
不食之地也王雖有之不為得地是王有毀楚之名
而無得地之實也且王攻楚之日四國必悉起兵以
應王秦楚之兵構而不離韓魏氏將出兵而攻留方

與銍胡陵碭蕭相故宋必盡齊人南面史記作南面攻楚泗北必舉此皆平原四達膏腴之地也而使獨攻王破楚以肥韓魏於中國而勁齊韓魏之彊足以校於秦齊南以泗水爲境東負海北倚河而無後患天下之國莫彊於齊齊魏得地保利而詳事下吏一年之後爲帝未能其於楚王之爲帝有餘矣夫以王壤土之博人徒之衆兵革之彊一舉事而樹怨於楚出令韓魏歸帝重齊是王失計也臣爲王慮莫若善楚秦楚合爲一而以臨韓韓必拱手王施之以山東之險帶以曲河之利韓必爲關內之侯若是而王以十萬伐鄭梁氏寒心許鄢陵嬰城而上蔡召陵不往來也如此

而魏亦關內侯矣王一善楚而關內兩萬乘之主注入地於齊齊右壤可拱手而取也王之地一桎[史作經]兩海要約天下是燕趙無齊楚無燕趙然後危動燕趙直搖齊楚此四國者不待痛而服也昭王曰善於是乃止白起謝韓魏發使賂楚約為與國黃歇受約歸楚解弱楚之禍全彊秦之兵黃歇之謀也

秦趙戰於長平趙不勝亡一都尉趙王召樓昌與虞卿曰軍戰不勝尉係死寡人將束甲而赴之樓昌曰無益也不如發重寶使而爲構虞卿曰昌言構者以爲不構軍必破也而制構者在秦且王之論秦也欲破王之軍乎不耶王曰秦不遺餘力矣必且破趙軍

虞卿曰王聽臣發使出重寶以附楚魏楚魏欲王之重寶必內吾使吾使入楚魏秦必疑天下恐天下之合從必一心如此則構乃可爲也趙王不聽與平陽君爲構發鄭朱入秦秦內之趙王召虞卿曰寡人使平陽君爲構秦秦巳內鄭朱矣虞卿以爲如何對曰王不得構軍必破矣天下之賀戰勝者皆在秦鄭朱貴人也而入秦秦王與應侯必顯重以示天下楚魏以趙爲構必不救王則構不可得也應侯果顯鄭朱以示天下賀戰勝者終不肯構長平大敗遂圍邯鄲爲天下笑不從虞卿之謀也秦既解圍邯鄲而趙王入朝使趙郝約事於秦割六縣而構虞卿謂趙王曰

秦之攻王也倦而歸乎亡其力尚能進之愛主而不攻乎王曰秦之攻我也不遺餘力矣必以倦歸也虞卿曰秦以其力攻其所不能取倦而歸王又攻其力之所不能取以送之是助秦自攻也來年秦復攻王王無救矣王以虞卿之言告趙郝曰虞卿能量秦力之所至乎誠知秦力之所不進此彈丸之地不與令秦來年復攻於王王得無割其內而構乎王曰請聽子割矣子能必來年秦之不復攻乎趙郝曰此非臣所敢任也他日三晉之交於秦相若也今秦善韓魏而攻王王之所以事秦者必不如韓魏也今臣之爲足下解負親之攻開關通幣齊交韓魏至來年而王獨

取攻於秦主之所以事秦必在韓魏之後也此非臣之所敢任也王以告虞卿虞卿對曰郝言不構來年秦復攻王王得無復割其內而構乎今構郝又不能必秦之不復攻也雖割何益來年復攻又割其力之所不能取以構此自盡之術也不如無構秦雖善攻不能取六縣趙雖不能守亦不失六城秦倦而歸兵必疲我以五縣收天下以攻罷秦是我失之於天下而取償於秦也吾國尚利孰與坐而割地自弱以彊秦今郝曰秦善韓魏而攻趙者必王之事秦不如韓魏也是使王歲以六城事秦也坐而地盡來年秦復來割王將與之乎不與是棄前功而挑秦禍也與之

即無地而給之語曰彊者善攻而弱者不能守今坐
而聽秦秦兵不弊而多得地是彊秦而弱趙也以益
彊之秦而割愈弱之趙其計固不止矣且王之地有
盡而秦之求無已以有盡之地給無已之求其勢必
無趙矣計未定樓緩從秦來趙王與樓緩計之曰與
秦地與無與孰吉緩辭讓曰此非臣之所能知也王
曰雖然試言公之私樓緩對曰亦聞夫公父文伯母
乎公父文伯仕於魯病死女子爲自殺於房中者二
人其母聞之不肯哭也其相室曰焉有子死而不哭
者乎其母曰孔子賢人也逐於魯而是人不隨也今
死而婦人爲自殺者二人若是者必其於長者薄而

於婦人厚也故從母言是為賢母從妻言是必不免為妬婦故其言一也言者異則人心變矣今臣新從秦來而言勿與則非計也言與之恐王以臣為秦也故不敢對使臣得為大王計不必與之王曰諾虞卿聞之曰此飾說也王慎勿與樓緩聞之往見王王又以虞卿之言告樓緩樓緩對曰不然虞卿得其一不得其二夫秦趙搆難而天下皆說何也曰吾且因彊而乘弱矣今趙兵困於秦天下之賀戰勝者必盡在於秦矣故不如亟割地為和以疑天下而慰秦之心不然天下將因秦之怒乘趙之弊而瓜分之趙見亡何秦之圖乎故曰虞卿得其一不得其二願王以此

決之勿復計也虞卿聞之往見王曰危哉樓子之所以爲秦者是愈疑天下而何慰秦之心哉獨不言示天下弱乎且臣言勿與非固勿與而已也秦索六城於王而王以六城賂齊齊秦之深讎也得王之六城并力而西擊秦齊之聽王不待辭之畢也則是王失之於齊而取償於秦也而齊趙之讎可以報矣而示天下有能爲也王以此爲發聲兵未窺於境臣見秦之重賂而反構於王也從秦爲構韓魏聞之必盡重王重王必出重寶以先於王則是王一舉而結三國之親而與秦易道也趙王曰善即發虞卿東見齊王與之謀秦虞卿之謀行而趙霸此存亡之樞機樞機

虞卿合趙魏之從

之發閒不及旋踵是故虞卿一言而秦之震懼趨風馳指而請備故善謀之臣其於國豈不重哉微虞卿趙以亡矣

魏請爲從趙孝成王召虞卿謀過平原君平原君曰願卿之論從也虞卿入見王曰魏請爲從對曰魏過王曰寡人固未之許對曰王過王曰魏請從卿曰魏過寡人未之許又曰寡人過然則從終不可耶對曰臣聞小國之與大國從事也有利大國受福有敗小國受禍今魏以小請其禍而王以大辭其福臣故曰王過魏亦過竊以爲從便王曰善乃合魏爲從使虞卿久用於趙趙必霸會虞卿以魏齊之事弃捐相印

而歸不用趙旋亡

新序卷第九

用陳恢謀得先入關

新序卷第十

陽朔元年二月癸卯護左都水使者光祿大夫臣劉向上

善謀

沛公與項籍俱受令於楚懷王曰先入咸陽者王之沛公將從武關入至南陽守戰南陽守齮保宛城（史作與南陽守齮戰犨東破之南陽守齮走保城守宛）堅守不下沛公引兵圍宛三匝南陽守欲自殺其舍人陳恢止之曰死未晚也於是恢乃踰城見沛公曰臣聞足下約先入咸陽者王之今足下留兵盡日圍宛宛大郡之都也連城數十人民衆蓄積多其吏民自以爲降而死故皆堅守乘城足下攻之死傷者必多死者未收傷者未瘳足下曠日則事

留引兵而去宛完繕弊甲砥礪凋兵而隨足下之後足下前則失咸陽之約後有彊宛之患竊爲足下危之爲足下計者莫如約宛守降封之因使止守引其甲兵與之西擊諸城未下者聞風爭開門而待足下通行無所累沛公曰善乃以宛守爲殷侯封陳恢千户引兵西無不下者遂先入咸陽陳恢之謀也

漢王既用滕公蕭何之言擢拜韓信爲上將軍引信上坐王問曰丞相數言將軍將軍何以教寡人計策信謝因問王曰今東向爭權天下豈非項王耶曰然大王自斷（史作料）勇（史有悍字）仁彊孰與項王漢王默然良久曰不如也信再拜賀曰唯信亦以爲大王不如也然臣

嘗事楚請言項王爲人項王喑噁叱咤千人皆廢然不能任屬賢將此匹夫之勇耳項王見人恭謹言語呴呴人疾病涕泣分飲食至使人有功當封爵印刓綬弊忍不能與此所謂婦人之仁項王雖霸天下而臣諸侯不居關中都彭城又背義帝約而以親愛王諸侯不平諸侯之見項王遷逐義帝江南亦皆歸逐其主自王善地項王所過無不殘滅多怨百姓不附特劫於威彊服耳名雖爲霸王實失天下心故曰其彊易弱今大王誠反其道任天下武勇何不誅以天下城邑封功臣何不服以義兵從思東歸之士何不散且三秦王爲秦將秦子弟數歲所殺亡不可勝計

以卒說燕歸其王

又欺其衆降諸侯至新安項王詐坑秦降卒二十餘萬人唯獨邯欣翳脫秦父兄怨此三人痛入骨髓今楚彊以威王此三人秦民莫愛大王之入武關秋毫無所害除秦苛法與秦約法三章耳秦民無不欲得大王王秦者於諸侯約大王當王關中民户知之大王失職之蜀民無不恨者今大王舉而東三秦可傳檄而定也於是漢王喜自以爲得信晚遂聽信計部署諸將所擊八月漢王東出秦民歸漢王遂誅三秦王定其地收諸侯兵討項王定帝業韓信之謀也

趙地亂武臣張耳陳餘定趙地立武臣爲趙王張耳爲相陳餘爲將軍趙王間出爲燕軍所得燕囚之欲

與三分其地乃歸王使者至燕輒殺之以固求地張耳陳餘患之有廝養卒謝其舍中人曰吾爲公說燕與趙王載歸舍中人皆笑之曰使者往十輩死若何以能得王廝養卒曰非若所知乃洗沐往見張耳陳餘遣行見燕王燕王問之對曰賤人希見長者願請一卮酒已飲又問之復曰賤人希見長者願復請一卮酒與之酒卒曰王知臣何欲燕王曰欲得而王爾卒曰君知張耳陳餘何人也燕王曰賢人也曰君知其意何欲曰欲得其王耳趙卒笑曰君未知兩人所欲也夫武臣張耳陳餘杖馬箠下趙數十城此亦各欲南面而王豈爲卿相哉夫臣與主豈可同日道哉

主說漢王守敖倉成皐

顧其勢始定不敢三分而王且以少長先立武臣爲王以持趙心今趙地已服此兩人亦欲分趙而王時未可爾今君囚趙王此兩人名爲求趙王實欲燕殺之此兩人分趙自立夫以一趙尚易燕況兩賢王左提右挈勑直義而以責不直之弱燕滅無日矣燕王以爲然乃遣趙王養卒爲御而歸遂得反國復立爲王趙卒之謀也

酈食其號酈生說漢王臣聞之知天之天者王事可成不知天之天者王事不可成王者以民爲天而民以食爲天夫敖倉天下轉輸久矣臣聞其下乃有藏粟甚多楚人拔滎陽不堅守敖倉乃引而東令謫過

生爲漢王說下齊

卒分守成皋此乃天所以資漢方今楚易取而漢反却自奪其便臣竊以爲過矣且兩雄不俱立楚漢久相持不決百姓騷動海内搖蕩農夫釋耒工女下機天下之心未有所定也願陛下急復進兵收取滎陽據敖倉之粟塞成皋之險杜太行之路距蜚狐之口守白馬之津以示諸侯形制之勢則天下知所歸矣漢王曰善乃從其計畫復守敖倉卒糧食不盡以擒項氏其後吳楚反將軍竇嬰周亞夫復據敖倉塞成皋如前以破吳楚皆酈生之謀也

酈生說漢王曰方今燕趙已復唯齊未下今田橫據千里之齊田閒據二十萬之軍於歷城諸田宗彊負

海阻河濟南近楚民多變詐陛下雖遣數十萬師未可以歲月下也臣請奉明詔說齊王令稱東藩於是使酈生食其說齊王曰王知天下之所歸乎王曰不知也曰王知天下之所歸則齊國可得而有也若不知天下所歸則齊國未可保也齊王曰天下何歸曰歸漢王曰先生何以言之曰漢王與項王戮力西面擊秦約先入咸陽者王之漢王先入咸陽項王倍約不與而王漢中項王遷殺義帝漢王起蜀漢之兵擊三秦出關而責義帝之處收天下之兵立諸侯之後降城即以侯其將得賂即以與其士與天下同其利豪傑賢才皆樂爲其用諸侯之兵四面而至蜀漢之

粟方船而下項王有倍約之名殺義帝之實於人之功無所記於人之過無所忘戰勝而不得其賞拔城而不得其封非項氏莫得用事爲人刻印刓而不能授攻城得賂積財而不能賞天下畔之賢才怨之而莫爲之用故天下之事歸於漢王可坐而策也夫漢王發蜀漢定三秦涉西河之外乘上黨之兵下井陘誅成安破北魏舉三十二城此蚩尤之兵非人之力也今已據敖倉之粟塞成皋之險守白馬之津杜太行之阪距飛狐之口天下後服者先亡矣王疾下漢王齊國社稷可得而保也不下漢王危亡可立而待也田横以爲然廼聽酈生罷歷下兵戰守之備與酈

生曰縱酒此酈生之謀也及齊人蒯通說韓信曰足下受詔擊齊何故止將三軍之衆不如一豎儒之功可因齊無備擊之韓信從之酈生爲田橫所害後信通亦不得其所由不仁也

漢三年項羽急圍漢王滎陽漢王恐憂與酈生謀橈楚權酈生曰昔湯伐桀封其後於杞武王伐紂封其後於宋今秦無德弃義侵伐諸侯社稷滅六國之後使無立錐之地陛下誠復立六國後畢已授印此君臣百姓必皆戴陛下德莫不嚮風慕義願爲臣妾德義已行陛下南嚮稱霸楚必斂衽而朝漢王曰善趣刻印先生因行佩之矣酈先生未行張良從外來謁

漢王方食曰子房前客有爲我計撓楚權者具以食其言告之曰其於子房意如何良曰誰爲陛下畫此計者陛下事去矣漢王曰何哉良對曰臣請借前箸而籌之曰昔湯伐桀而封其後於杞者斯能制桀之死命也陛下能制項籍之死命乎曰未能也其不可一也武王伐紂而封其後於宋者斯能得紂之頭也今陛下能得項籍之頭乎曰未能也其不可二矣武王入殷表商容之閭軾箕子之門封比干之墓今陛下能封聖人之墓表賢人之閭軾智者之門乎曰未能也其不可三矣發鉅橋之粟散鹿臺之錢以賜貧羸今陛下能散府庫以賜貧羸乎曰未能也其不可

四矣殷事已畢偃革爲軒倒載干戈以示天下不復
用兵今陛下能偃革倒載干戈乎曰未能也其不可
五也休馬於華山之陽以示無所用今陛下能休馬
無所用乎曰未能也其不可六矣休牛於桃林史作放牛桃林之陰
示天下不復輸積以示不復輸糧今陛下能休牛不復輸糧乎曰
未能也其不可七矣且夫天下游士捐其親戚棄墳
墓去故舊從陛下游者皆日夜望尺寸之地今復立
韓魏燕趙齊楚之後其王皆復立游士各歸事其主
從其親戚反其故舊墳墓陛下誰與取天下乎其不
可八也且夫楚雖無彊六國復撓而從之陛下焉得
而臣之乎誠用客之計陛下之事去矣漢王輟食吐

用張良計破項王軍

哺罵曰豎儒幾敗乃公事令趣銷印止不使遂并天下之兵誅項籍定海内張子房之謀也楚雖無彊漢史作楚唯無彊

漢五年追擊項王陽夏南止軍與淮陰侯韓信建成侯彭越期會而擊楚軍至固陵不會楚擊漢軍大破之漢王復入壁深塹而守之謂張子房曰諸侯不從約奈何對曰楚兵且破而未有分地其不至固宜君王能與共天下令可立致也則不能事未可知也君王能自陳以東傅海盡與韓信睢陽以北至穀城盡與彭越使各自為戰則楚易敗也漢王乃使使者告韓信彭越曰并力擊楚楚已破自陳以東傅海與齊王睢陽以北至穀城與彭相國使者至韓信彭越皆

喜報曰請令進兵韓信乃從齊行彭越兵自梁至諸侯來會遂破楚軍于垓下追項王誅之於維津二君之功子房之謀也一作張子房之謀也

漢六年正月封功臣張子房未嘗有戰鬬之功高皇帝曰運籌策帷幄之中決勝千里之外子房功也子房自擇齊三萬户良曰始臣起下邳與上會留此天以臣授陛下陛下用臣計幸而時中臣願封留足矣不敢當齊三萬户乃封良為留侯及蕭何等其餘功臣皆未封群臣自疑恐不得封咸不自安有揺動之心於是高皇帝在南陽南宮上臺見群臣往往相與坐沙中語上曰此何語留侯曰陛下不知乎謀反耳

上曰天下屬安何故而反留侯曰陛下起布衣與此屬定天下陛下已爲天子而所封皆蕭曹故人所誅皆平生仇怨今軍吏計功以天下不足以徧封此屬畏陛下不能盡封又見疑平生過失及誅故即聚謀反耳上乃憂曰爲將奈何留侯曰上平生所憎群臣所共知誰最甚者上曰雍齒與我有故漢書音義曰未起時有故怨數窘辱我我欲殺之爲其功多故不忍留侯曰今急先封雍齒以示群臣群臣見雍齒得封即人人自堅矣於是上置酒封雍齒爲什方侯而急詔趣丞相御史定功行封群臣罷酒皆喜曰雍齒且侯我屬無患矣還危畔之心銷邪道之謀使國家安寧累世無患者張子

敬說高祖都關中

房之謀也
高皇帝五年齊人婁敬戍隴西過雒陽脫輓輅見齊人虞將軍曰臣願見上言便宜事虞將軍欲與鮮衣婁敬曰臣衣帛衣帛見衣褐衣褐見不敢易虞將軍入言上上召見賜食已而問敬對曰陛下都雒陽豈欲與周室比隆哉上曰然敬曰陛下取天下與周室異周之先自后稷堯封之邰積德累善十餘世公劉避桀居邠大王以狄伐去邠杖馬策居岐國人爭歸之及文王爲西伯斷虞芮訟始受命呂望伯夷自海濱來歸之武王伐紂不期而會孟津上八百諸侯滅殷成王即位周公之屬傅相乃營成周雒邑以爲天

下中諸侯四方納貢職道里均矣有德則易以王無
德則易以亡凡居此者欲令周務德以致人不欲恃
險阻令後世驕奢以虐民及周之衰分爲兩天下莫
朝周不能制非德薄形勢弱也今陛下起豐擊沛收
卒三千人以之徑往卷蜀漢定三秦與項羽大戰七
十小戰四十使天下民肝腦塗地父子暴骨中野不
可勝數哭泣之聲未絕傷夷者未起而欲比隆成康
周公之時臣竊以爲不侔矣且夫秦地被山帶河四
塞以爲固卒然有急百萬之衆可具因秦之故資甚
美膏腴之地此謂天府陛下入關而都山東雖亂秦
故地可全而有也夫與人鬬而不搤其亢拊其背未

全勝也高皇帝疑問左右大臣皆山東人多勸上都
雒陽東有成臯西有肴澠倍河海嚮伊洛其固亦足
恃且周王數百年秦二世而亡不如都周留侯張子
房曰雒陽雖有此固國中小不過數百里田地狹四
面受敵此非用武之國夫關中左肴函右隴蜀沃野
千里南有巴蜀之饒北有故宛之利阻三面守一隅
東向制諸侯諸侯安定河渭漕輓天下西給京師諸
侯有變順流而下足以委輸此所謂金城千里天府
之國也婁敬說是也於是高皇帝即日駕西都關中
由是國家安寧雖彭越陳豨盧綰之謀九江燕代之
兵及吳楚之難關東之兵雖百萬之師猶不能以爲

良謀召四皓定太子

害者由保仁德之惠守關中之固也國以永安婁敬張子房之謀也上曰本言都秦地者婁敬也婁者乃劉也賜姓劉氏拜爲郎中號曰奉春君後卒爲建信侯封之二千户

留侯張子房於漢已定性多疾即導引不食穀杜門不出歲餘上欲廢太子立戚氏夫人子趙王如意大臣多爭未能得堅決者也呂侯恐不知所爲人或謂呂后曰留侯善畫計策上信用之呂后乃使建成侯呂澤劫留侯曰君常爲上計今日欲易太子君安得高枕卧留侯曰始上數在困急之中幸用臣今天下安定以愛幼欲易太子骨肉間雖臣等百餘人何益

呂澤彊要曰爲我畫計留侯曰此難以口舌爭也顧上有所不能致者天下有四人四人園公綺里季夏黃公甪里先生此四人者年老矣皆以上慢侮士故逃匿山中義不爲漢臣然上高此四人公誠能無愛金玉璧帛令太子爲書卑辭以安車迎之因使辯士固請宜來來以爲客時時從入朝令上見之上見之即必異問之問之上知此四人亦一助也於是呂后令澤使人奉太子書卑辭厚禮迎四人四人至舍呂澤所至十二年上從破黥布軍歸疾益甚愈欲易太子留侯諫不聽因疾不視事太傅叔孫通稱說引古以死爭太子上佯許之猶欲易之及燕置酒太子侍四人

者從太子皆年八十有餘鬚眉皓白衣冠甚偉上怪而問曰何爲者四人前對各言其姓名上乃驚曰吾求公數歲公避逃我今公何自從吾兒游乎四人皆對曰陛下輕士善罵臣等義不辱故恐而亡匿聞太子爲人子孝仁敬愛士天下莫不延頸願爲太子死者故來爾上曰煩公幸卒調護太子四人爲壽已畢起去上目送之召戚夫人指示四人者曰我欲易之彼四人輔之羽翼已成難動矣呂氏眞而主矣戚夫人泣下上曰爲我楚舞吾爲若楚歌歌曰鴻鵠高蜚一舉千里羽翮已就橫絕四海橫絕四海當可奈何雖有矰繳尚安所施歌數闋戚夫人噓唏流涕上起

四皓安太子

去罷酒竟不易太子者留侯召四人之謀也
漢十一年九江黥布反高皇帝疾欲使太子往擊之
是時園公綺里季夏黄公甪里先生已侍太子聞太
子將擊黥布四人相謂曰凡來者將以存太子太子
將兵事危矣乃說建成侯曰太子將兵有功則位不
益無功從此受禍矣且太子所與俱諸將皆嘗與上
定天下梟將也乃使太子將之此無異使羊將狼也
皆不肯爲用盡力其無功必矣臣聞母愛者子抱今
戚夫人日夜侍御趙王常抱居上前終不使不肖子
居愛子上明乎其代太子位必矣君何不急謂呂后
承間爲上泣言黥布天下猛將善用兵諸將皆陛下

故等倫乃令太子將此屬無異使羊將狼莫爲用且使布聞之，即鼓行而西爾上雖疾臥護之諸將不敢不盡力雖苦彊爲妻子計載輜車臥而行於是呂澤立夜見呂后呂后承間爲上泣而言如四人意上曰吾惟豎子故不足遣乃公自行爾於是上自將東群臣居守皆送至霸上留侯疾彊起至曲郵見上曰臣宜從疾甚楚人剽疾願上無與楚人爭鋒因說上曰令太子爲將軍監關中諸侯兵上謂子房雖疾彊起臥而傅太子是時叔孫通已爲太子太傅留侯行少傅事漢遂誅黥布太子安寧國家晏然此四公子之謀也

悼惠王用內史之謀安國

齊悼惠王者孝惠皇帝兄也二年悼惠王入朝孝惠皇帝與悼惠王燕飲乃行家人禮同席呂太后怒乃進鴆酒孝惠皇帝知欲代飲之乃止悼惠王懼不得出城上車太息內史參乘怪問其故悼惠王具以狀語內史內史曰王寧亡十城耶將亡齊國也悼惠王曰得全身而已何敢愛城哉內史曰魯元公主太后之女大王之弟也大王封國七十餘城而魯元公主湯沐邑少大王誠獻十城爲魯元公主湯沐邑內有親親之恩外有順太后之意太后必大喜是亡十城而得六十城也悼惠王曰善至邸上奏獻十城爲魯元公主湯沐邑太后果大悅受邑厚賜悼惠王而歸

罘不用韓安國謀伐奴悔而下輪臺之詔

之國遂安齊内史之謀也

孝武皇帝時大行王恢數言擊匈奴之便可以除邊境之害欲絶和親之約御史大夫韓安國以爲兵不可動孝武皇帝召群臣而問曰朕飾子女以配單于幣帛文錦賂之甚厚今單于逆命加慢侵盗無已邊郡數驚朕甚閔之今欲舉兵以攻匈奴如何大行臣恢再拜稽首曰善陛下不言臣固謁之臣聞全代之時北未嘗不有彊胡之敵内連中國之兵也然尚得養老長幼樹種以時倉廩常實守禦之備具匈奴不敢輕侵也今以陛下之威海内爲一家天下同任遣子弟乘邊守塞轉粟輓輸以爲之備而匈奴侵盗不

休者無他不痛之患也臣以爲擊之便御史大夫臣
安國稽首再拜曰不然臣聞高皇帝嘗圍於平城匈
奴至而投鞍高於城者數所平城之厄七日不食天
下歎之及解圍反位無忿怨之色雖得天下而不報
平城之怨者非以力不能也夫聖人以天下爲度者
也不以己之私怒傷天下之公義故遣劉敬結爲和
親至今爲五世利孝文皇帝嘗一屯天下之精兵於
嘗谿廣武無尺寸之功天下黔首約要之民無不憂
者孝文皇帝悟兵之不可宿也乃爲和親之約至今
爲後世利臣以爲兩主之迹足以爲效臣故曰勿擊
便大行曰不然夫明於形者分則不過於事察於動

者用則不失於利審於靜者恬則免於患高帝被堅
執銳以除天下之害蒙矢石沾風雨行幾十年伏尸
滿澤積首若山死者什七存者什三行者垂泣而倪
於兵夫以天下末力厭事之民而蒙匈奴飽逸其勢
不便故結和親之約者所以休天下之民高皇帝明
於形而以分事通於動靜之時蓋五帝不相同樂三
王不相襲禮者非故相反也各因世之宜也敎與時
變備與敵化守一而不易不足以子民今匈奴縱意
日久矣侵盜無已係虜人民戍卒死傷中國道路犇
車相望此仁人之所哀也臣故曰擊之便御史大夫
曰不然臣聞之利不什不易業功不百不變常是故

古之人君謀事必就聖發政必擇語重作事也自三代之盛遠方夷狄不與正朔服色非威不能制非彊不能服也以爲遠方絕域不牧之民不足以煩中國也且匈奴者輕疾悍亟之兵也畜牧爲業弧弓射獵逐獸隨草居處無常難得而制也至不及圖去不可追來若飆風解若收電今使邊郡久廢耕織之業以支匈奴常事其勢不權臣故曰勿擊爲便大行曰不然夫神蛟濟於淵而鳳鳥乘於風聖人因於時昔者秦繆公都雍郊地方三百里知時之變攻取西戎辟地千里并國十二隴西北地是也其後蒙恬爲秦侵胡以河爲境累石爲城積木爲塞匈奴不敢飲馬北

河置烽燧然後敢牧馬夫匈奴可以力服也不可以仁畜也今以中國之大萬倍之資遣百分之一以攻匈奴譬如以千石之弩射癰潰疽必不留行矣史有若是則北發月氏可得而臣也臣故曰擊之便御史大夫曰不然臣聞善戰者以飽待飢安行定舍以待其勞整治施德以待其亂按兵奮衆深入伐國墮城漢史作以飽待飢正治以待其亂定舍以待其勞故按兵罷衆伐國墮城故常坐而役敵國此聖人之兵也夫衝風之衰也不能起毛羽彊弩之末力不能入魯縞盛之有衰也猶朝之必暮也今卷甲而輕舉深入長驅難以爲功夫橫行則中絕從行則迫脅徐則後利疾則粮乏不至千里人馬絕飢勞以遇敵正[illegible]

獲也漢史不作至千里人馬乏食兵法曰遺人獲也意者有他詭妙可以擒之則臣不知不然未見深入之利也臣故曰勿擊使大行曰不然夫草木之中霜霧不可以風過清水明鏡不可以形遯也通方之人不可以文亂今臣言擊之者固非發而深入也將順因單于之欲誘而致之邊吾伏輕卒銳士以待之陰遮險阻以備之吾勢以成或當其左或當其右或當其前或當其後單于可擒百全必取臣以爲擊之便於是遂從大行之言孝武皇帝自將師伏兵於馬邑誘致單于單于既入塞道覺之奔走而去其後交兵接刃結怨連禍相攻擊十年兵凋民勞百姓空虛道殣相望槥車相屬寇盜滿山天下

孝武帝用主父偃謀弱侯

搖動孝武皇帝後悔之御史大夫桑弘羊請佃輪臺詔卻曰當今之務務在禁苛暴止擅賦今乃遠西佃非所以慰民也朕不忍聞封丞相號曰富民侯遂不復言兵事國家以寧繼嗣以定從韓安國之本謀也

孝武皇帝時中大夫主父偃爲策曰古諸侯不過百里彊弱之形易制也今諸侯或連城數十地方千里緩則驕易爲淫亂急則阻其彊而合從謀以逆京師今以法割之即逆節萌起前日晁錯是也今諸侯子弟或十數而適嗣代立餘雖骨肉無尺地之封則仁孝之道不宣願陛下令諸侯得推恩分子弟以地侯之彼人人喜得所願上以德施實封其國而消自弱

卷十　十六

弱矣於是上從其計因關馬及弩不得出絡

路重附益諸侯之法急詿誤其君之罪諸侯二三歲

弱而合從之事絕矣主父偃之謀也

新序卷第十

余於乾隆乙卯閏月借顧澗蘋傳録何校宋本新序臨寫一過知宋本實有佳處義門所校得其真矣繼於四月十四日書船友鄭輔義攜一宋本来留閱信宿校首册三卷開卷第二行有曾鞏地與姓名一行何校未及增入未知何所校之宋本云何也何校原本在澗蘋堂兄抱冲處係陽山顧大有所藏顧之前藏於憩橋巷李氏余所見宋本第一卷末有東澗跋何校未之及知非一本每葉幾行每行幾字彼此相類而所校又與刻本間有殊異未知何故余愛之甚惜需直八十金故以様本還之不及窺厥全豹大為恨事自後書友来、必曰此書為物主攜往他處將不久留於江南境矣盍如其直得之乎余遂究其所從来云是太倉王氏物渠與畢秋颿制府相友善宋刻善本亦嘗歸之故本地不售將往楚中求售如售去家中宋本皆盡往矣余豔其宋本之多屬書友更攜他書借閱書友允吾請至冬季果以北宋小字本列子来需直六十金余喜異書之沓至後更勝於前不復計錢物之多寡以白鏹八十餘金并得之是時余方承被火災後為治家計最急省他費購書室人交徧謫我亦置若罔聞而已今歲移家月餘諸事稍定倩工裝池分為五冊書中有板刻硃印溫公訓子語一紙為信陽王氏四部堂識足見藏書家珍重之意因裱托置諸卷端俾垂永久裝畢追述得書顛末并著宋本或有異同校者不無訛誤是在

目見而又心細方盡讀書之能事爾時嘉慶元年六月望日書於王洗馬巷新居之小千頃堂棘人黃丕烈識

嘉慶辛酉秋九月望後一日觀書於東城蔣氏見有宋刻本新序為陽山顧大有所藏方悟何校所據即此本矣初見時覺板刻字形與余所收似不甚異及借歸參閱乃知前所云所校又與刻本間有殊異者皆顧本有以亂之也即如卷九中是後栢公信壞德衰衍一德字殷夏之滅也訛湯為夏字張子房之謀也句

下脱楚雖無疆漢史作楚唯無疆小注十一字（此在卷十中）其錯誤迭出他遇宋諱如殷如竟如完如構皆未缺筆每葉上填大小字數下注刻工姓名皆与余本異雖行款悉同而字形譌變不能新方彼此相較真如優孟衣冠矣始知宋刻本一翻雕而神氣已失不必在異代也則此本之可貴適勝於初得時書友之索重直若有先知者耶

蕘圃氏又識

嘉慶庚午十一月借居陶陶室　蕘圃先生出眎宋
槧諸書皆見眎未見而此本尤不易之寶也他日予借
蔣氏宋本、秋之節意之假以校讀之知蕘圃
先生辛酉年據校矣以此本為初刻蔣本為
覆刻審定之確無是過其記異同曰行曰脫
亦道其實曰誤予以為正不誤也唯偶易有增刪
記不甚詳本文而蕘圃墨守初刻必以
不同初刻者即為誤予未敢信躊而還之陶陶室

先後得之宋本陶集都名其六至再及

嘉興金鶴翔記　樂庭

蔣本新亭余定為覆刻者前跋已詳之頃樂庭金君從蔣氏購歸與余攤書對讀知兩書實出兩刻如信壞德良蔣本擫德字文理為順於原本則舛矣茲又隨手勘及如西海者矣蔣本者作內此余本作者朱筆校改內字甘之又檢以出之本改之也以余所見所聞如高注戰國策歐陽忞輿地廣記劉向古列女傳同一宋本而皆各

有異世非一刹即文非一例在各各蘇真賞亦異國
策典地廣記方如傳余寶其一向與外一藏于他所
者或得諸彼或得諸見不能為兩美之合以二者遂將
有以使之然也蠻庵先後來吳中而皆獲至精
之本以告可謂識寶者而以余所交如蠻之庵諸
書又得一良友寒齋數日之叙百宋一廛中添一段
佳話他日攤書對讀各集堂已并良毋相忘冊
頭與王觀樓事并誌于此以告後之讀是書者
庚午秋冬五日宿雨初霽丕烈書